Martina Kroth

# Kommt, wir spielen Detektiv!

## Kleine Spürnasen lernen spielerisch das Detektivhandwerk

Illustration: Kerstin Heinlein

Ökotopia Verlag, Münster

# Impressum

**Autorin** Martina Kroth

**Illustratorin** Kerstin Heinlein

**Lektorin** Barbro Garenfeld

**Satz** Hain-Team, Weimar

**ISBN** 3-86702-000-0
**ISBN** 978-3-86702-000-8


1 2 3 4 5 6 7 8 9 10 11 · 13 12 11 10 09 08 07 06



*Für meinen Vater,*
*der mühelos das Lachen verschenkt.*

# Inhalt

# Sachdienliche Hinweise

Wer späht durch eine Lupe und findet das kleinste verräterische Stäubchen? Wer lässt eifrige, aber ahnungslose Polizisten bei jedem Fall alt aussehen? Wer kämpft – meist als Einzelgänger oder höchstens in Begleitung eines treuen Gefährten oder einer Gefährtin – gegen infame Bösewichte? Natürlich: der Detektiv!
Sherlock Holmes, Hercule Poirot, Kalle Blomquist, Nick Nase, Nick Knatterton und wie sie alle heißen, haben sich einen festen Platz in der Phantasie und Spielwelt von Kindern und Erwachsenen erobert. Dabei ist unsere Vorstellung von spannenden Romanen und ihren Verfilmungen geprägt.

## Aber was machen Detektive wirklich?

Detektive arbeiten allein und auf eigene Rechnung oder in Detektivbüros. Sie suchen z. B. im Auftrag von Privatleuten nach besonderen Personen (z. B. Zeugen oder verschwundenen Ehepartnern), entlarven Heiratsschwindler und spüren Erben auf. Sie arbeiten in Kaufhäusern und fangen Ladendiebe oder beschatten den Partner eifersüchtiger Eheleute. Doch ihr Berufsfeld umfasst noch viel mehr: Detektive werden engagiert, um unerlaubte Lauschangriffe abzuwehren, Betriebsspionage und Diebstahl durch Firmenpersonal zu verhindern, Umweltkriminalität und Schwarzarbeit aufzudecken oder Versicherungsbetrüger zu entlarven. Dabei ist es ihre Aufgabe, Beweismaterial zu beschaffen und sicherzustellen, das dann in Zivil- oder Strafprozessen eingesetzt wird. Detektive werden eingeschaltet, um die Vorarbeit zu leisten, bis die Polizei eingreifen soll. Oder aber sie nehmen ihre Arbeit auf, wenn die Polizei die Ermittlungen bereits eingestellt hat.

***Detektive in Zahlen***
*Im Jahr 2002 gab es 1375 Detekteien in Deutschland. Sie erzielten einen Jahresumsatz von mehr als 200 Millionen Euro. Das Durchschnittshonorar für eine Stunde Detektivarbeit betrug etwa 50 Euro.*
*Die meisten Auftraggeber kamen aus der Wirtschaft und der Industrie. Nur ein Viertel der Auftraggeber waren Privatpersonen. Diese brauchten größtenteils Unterstützung bei Ehe-, Familien- und Sorgerechtsangelegenheiten sowie bei der Klärung von Unterhaltszahlungen.*
*Von allen Aufträgen in diesem Jahr konnten 66 % vollständig aufgeklärt werden und 30 % zumindest teilweise. Daraufhin wurden mehr als die Hälfte aller Fälle außergerichtlich geregelt.*

Detektive genießen aber keinerlei gesetzliche Vorrechte. Bei Verfolgungsjagden im Auto müssen sie sich an das Tempolimit halten und sie dürfen nur Waffen bei sich tragen, wenn sie einen gültigen Waffenschein besitzen. Es ist ihnen nicht erlaubt, fremde Häuser und Grundstücke zu betreten, es sei denn, der Eigentümer gestattet es. Detektive dürfen auch niemanden verhaften oder einfach nur einsperren. Ein Detektiv steht nicht außerhalb der Gesetze und hat auch keineswegs die Rechte eines Polizisten! Daher muss er die gesetzlichen Bestimmungen sehr genau kennen, um sie nicht selbst zu überschreiten. (Übrigens: In englischsprachigen Ländern steht der Begriff „detective" oft für einen Kriminalbeamten!)
Detektive nehmen nicht jeden Auftrag an. Sie prüfen zunächst, ob ihr Auftraggeber ein berechtigtes Interesse oder einen rechtlichen Anspruch glaubhaft machen kann. Der Einsatz des Detektivs soll nur dazu dienen, die rechtliche Position des Auftraggebers zu klären und letztendlich – durch die vom Detektiv erbrachten Beweise – durchzusetzen. So verhindert der Detektiv, dass er sich plötzlich auf der falschen Seite des Gesetzes wiederfindet!

*Welcher König hat kein Reich?*

## Und wie arbeiten Detektive?

Detektive arbeiten mit Köpfchen. Sie nutzen geschickt das Material, das jedem Bürger zur Verfügung steht, z. B. Telefonverzeichnisse oder Informationen aus dem Internet. Sie verfolgen ihre Ziele selbstständig, hartnäckig und mit viel Geduld, Ausdauer und Disziplin. Detektive sammeln Fakten wie Teile eines Puzzles. Neugier und logisches Denken sind wichtige Voraussetzungen für diesen Beruf. Ein Detektiv muss dazu in der Lage sein, die Perspektive zu wechseln, sich in andere Personen hineinzuversetzen. Detektive sind immer bereit dazuzulernen und ständig ihr Wissen und ihre Allgemeinbildung zu erweitern, denn schließlich kann man nie wissen, welche Kenntnisse zur Lösung eines Falles benötigt werden! Ein gutes Personen- und Sachverständnis gehört dazu. Und im Computerzeitalter brauchen sie außerdem ein umfangreiches technisches Wissen!

Zum Beruf des Detektivs gehört es auch, gut mit Menschen umgehen zu können. Er muss eine vertraute Gesprächsatmosphäre schaffen (z. B. durch angemessene Kleidung), gut zuhören und klug überlegte Fragen stellen. Er darf sich jedoch nicht von den eigenen Gefühlen beeinflussen lassen! Detektive müssen verschwiegen und vertrauenswürdig sein.

Und nicht zuletzt muss ein guter Detektiv in jeder Situation die Nerven bewahren und ausdauernd und geduldig sein: Nur nicht entmutigen lassen, wenn es nicht sofort klappt! Stattdessen sollte er beharrlich weiterarbeiten und so flexibel sein, auch einmal andere Techniken zu versuchen.

***Wie wird man Detektiv?***

*Der Detektivberuf ist kein Ausbildungsberuf, es gibt auch keine staatliche Prüfung oder Qualifikation, wie sie in vielen anderen Berufen notwendig ist. Jede Frau und jeder Mann kann sich nach einer Anmeldung beim zuständigen Ordnungsamt „Detektiv" nennen und den Beruf ausüben. Es findet auch keine Qualitätskontrolle statt. Daher empfehlen die deutschen Berufsverbände für Detektive dringend Fortbildungen für ihre Mitglieder und helfen bei der Suche nach seriösen Detekteien.*

*Eine gute Voraussetzung für diesen Beruf ist ein Realschulabschluss und eine abgeschlossene Berufsausbildung, vorzugsweise im kaufmännischen Bereich. Optimal ist eine vorherige Tätigkeit bei Notaren oder Rechtsanwälten, bei der Polizei, im Kriminaldienst oder im Bundesgrenzschutz, als Feldjäger der Bundeswehr oder im Militärischen Abschirmdienst. Der typische Detektiv ist älter als 40 Jahre.*

*Allerdings sollte niemand leichtfertig Detektiv als Beruf wählen. Bei diesem eher einsamen Job führt nur großes Durchhaltevermögen auf einem mühsamen Weg zum beruflichen Erfolg.*

## Gibt es auch weibliche Detektive?

Natürlich! Im echten Leben sowieso. Da stehen Frauen schon lange ihren Mann. Und in Romanen löste Miss Marple als erste Frau manch kniffligen Fall. Die war allerdings lange Zeit auch die einzige Frau unter vielen Männern und als „alte Jungfer" kein typisches Vorbild! Dabei werden schon seit langem viele Autorinnen gern gelesen: Agatha Christie, Dorothy L. Sayers, Patricia Highsmith und Martha Grimes, um nur einige zu nennen. Heutzutage sind die Frauen auch bei den literarischen Detektiven auf dem Vormarsch, etwa die Heldinnen von Sue Grafton und Sara Paretsky.

Allerdings ist die Verwendung von „Detektivin und Detektiv" bei den Spielanleitungen recht umständlich. Deshalb bleibt es in diesem Buch bei der Bezeichnung „Detektiv" – die steht aber natürlich immer für Jungen und Mädchen!

*Warum ist Rätselraten gefährlich?*

# Detektivisches Drumherum

Kaum jemand kann einer guten Detektiv-Geschichte widerstehen. Beispielsweise die Romane um die alte Dame Miss Marple oder um Hercule Poirot, den belgischen Detektiv mit den kleinen grauen Zellen, bescherten Agatha Christie über 100 Millionen verkaufte Bücher!

Dabei folgen Detektiv-Geschichten bis heute immer dem gleichen Muster: Am Anfang steht das anscheinend perfekte Verbrechen, meist ein Mord. Dann gibt es den offensichtlichen Verdächtigen, der aber immer und immer wieder seine Unschuld beteuert, obwohl alle Indizien gegen ihn sprechen. Der etwas dümmlich erscheinende Polizist hat keinen Durchblick, während der Detektiv mit überlegenem Verstand und genauer Beobachtungsgabe immer wieder versucht, ihn auf die richtige Spur zu bringen, und schließlich in einem triumphalen und dramatischen Finale die Lösung der Falles präsentiert.

Das Schöne am Lesen eines Detektiv-Romans ist das Mitknobeln: Ist die sympathische Brünette nur das Opfer einer infamen Intrige? Wo ist die Tatwaffe? Hat der undurchsichtige Industrielle tatsächlich ein hieb- und stichfestes Alibi? Dabei erfährt der Leser in einem guten Roman stets alle Details, die er zur Lösung des Falles bräuchte, zum gleichen Zeitpunkt wie der Detektiv – aber wie passt alles zusammen? Tatbestände, die auf den ersten Blick als bedeutungsvolle und unumstößliche Fakten erscheinen, entpuppen sich letztendlich als vollkommen unwesentlich, während kleinste Einzelheiten sich plötzlich zur Lösung des Falles logisch zusammenfügen.

Der berühmteste aller fiktiven Detektive ist sicherlich die Romanfigur Sherlock Holmes von Sir Arthur Conan Doyle. Sherlock Holmes und sein Begleiter Dr. Watson erfreuten sich so großer Beliebtheit, dass Doyle gezwungen war, Holmes wieder zum Leben zu erwecken, nachdem er ihn bereits in einem spektakulären Fall gegen seinen größten Feind, Professor Moriarty, hatte sterben lassen.

***Der erste wirkliche Detektiv: François Vidocq***

*Vidocq lebte von 1775 bis 1857 in Frankreich. Obwohl er selbst mehrere Male wegen kleinerer Vergehen im Gefängnis gesessen hatte, baute er unter Napoleon eine neue Polizei-Verwaltung auf, die „Sûreté“ (Sicherheit). Dabei kam ihm gerade sein Wissen aus seiner kriminellen Vergangenheit zugute. Die Sûreté wurde berühmt für ihre Effizienz. Nachdem Vidocq wegen eines angeblichen Diebstahls aus dem Polizeidienst entlassen wurde, gründete er in Paris einen privaten „Polizei“-Dienst, der zum Vorbild für moderne Detektiv-Agenturen wurde.*

*Vidocqs Leben inspirierte Edgar Allan Poe zur ersten Detektiv-Geschichte überhaupt („The Murders in the Rue Morgue“ – „Die Morde in der Rue Morgue“); sie erschien im April 1841.*

Auguste Dupin, Sherlock Holmes, Pater Brown,
Inspektor French, Hercule Poirot, Miss Marple,
Lord Peter Wimsey, Philo Vance, ALBERT CAMPION,
ELLERY QUEEN, Sam Spade, Philip Marlowe,
Lew Archer, Nick und Nora Charles, Perry Mason, Nero Wolfe,
Inspektor Maigret, Dick Tracy, Emil Tischbein,
Kalle Blomquist, Nick Knatterton, Tintin, NICK NASE

## Detektiv-Verkleidung á la Bogart

*Humphrey Bogart schuf mit seiner schauspielerischen Darstellung des hartgesottenen Sam Spade im Film „Der Malteser Falke" (1941) die klassische amerikanische Detektiv-Figur. Dass sie immer noch aktuell ist, beweisen Filme wie „Falsches Spiel mit Roger Rabbit" oder das Buch „Spürnase Bogey" von Robin Kingsland (→ S. 86).*

**Material:** alter, möglichst kleiner bzw. kurzer Trenchcoat, Herrenhut, Schoko- oder Kaugummizigarette; evtl. Sonnenbrille
**Alter:** ab 3 Jahren

Den Hut aufsetzen und tief in die Stirn ziehen. In den Trenchcoat schlüpfen und den Mantelkragen aufschlagen. Noch die Schokozigarette in den Mundwinkel hängen und es kann losgehen!

**Variante**
Aus dem Detektiv wird ein Agent, wenn er auch noch eine coole Sonnenbrille aufsetzt!

## Detektiv-Verkleidung á la Sherlock Holmes

*Sherlock Holmes ist neben „Bogey" sicherlich die bekannteste Verkörperung eines Detektivs. Viele Kinder kennen den viktorianischen Eigenbrötler aus Disneys „Basil, der Mäusedetektiv".*

**Material:** in Braun- oder Grautönen karierte Jacke, Mütze mit Ohrenwärmern (wenn möglich ebenfalls kariert), Lupe, Tonpfeife oder andere alte Pfeife
**Alter:** ab 3 Jahren

Karierte Jacke anziehen und Mütze mit aufgebundenen Ohrenwärmern aufsetzen. Pfeife in den Mund stecken und Lupe zur Hand nehmen – fertig!

*Welcher Hut passt auf keinen Kopf?*

## Detektivausweis

*Ein Detektivausweis ist eine nützliche Sache: Wenn sich der Detektiv am Tatort ausweisen kann, wird er von der Polizei nicht mit einem Verdächtigen verwechselt. Und manche Zeugen geben bereitwilliger Auskunft, wenn sich der Detektiv ihnen offiziell mit seinem Ausweis vorstellt.*
*Die Ausweise der „Drei ???" zeigen neben den Namen übrigens auch das Logo der Detektei (➜ S. 11, „Firmenschild und Motto der Detektei").*

**Material:** pro Kind 1 Ausweis (s. Kopiervorlage), Schere, Stifte, Klebestift, evtl. Passfoto, evtl. kleine Plastikhüllen oder Laminierfolie
**Alter:** ab 3 Jahren (mit Hilfe beim Namenschreiben)

Jedes Kind schneidet seinen Ausweis aus, malt sein Gesicht in das vorgesehene Kästchen oder klebt dort sein Foto ein und schreibt seinen Namen und das aktuelle Datum in die vorgesehenen Felder.
Sehr echt wirkt der Ausweis, wenn das Kind ihn in einer passenden Plastikhülle bei sich trägt oder die Spielleitung den Ausweis laminiert.

# Das Detektivbüro

*Ein Detektiv benötigt dringend ein eigenes Büro. Wie sollte ihn seine Kundschaft sonst finden? Außerdem braucht er Platz für seine vielfältigen Hilfsmittel (z. B. den „Tatort-Koffer", ➜ S. 15, oder den „Detektivmantel", ➜ S. 16) und natürlich auch für die Unterlagen seiner Ermittlungen (z. B. „Das Waschbecken-Rätsel", ➜ S. 22).*

## Büro einrichten

*Das coolste Detektivbüro ist sicherlich das der „Drei ???": Es befindet sich in einem alten Wohnwagen unter einem Schrotthaufen und hat mehrere geheime Eingänge sowie ein Periskop zum Rausgucken!*

**Material:** 1 (Schreib-)Tisch, 1 (Büro-)Stuhl, 1 Regal, Papier und Stifte, (Spiel-)Telefon, Fernglas; Kartons für die Ausrüstung (➜ S. 15) und Material für ein Firmenschild (➜ S. 11)

Die Spielleitung richtet mit den Kindern zusammen einen Nebenraum (evtl. auch nur eine ruhige Ecke eines Zimmers) als Detektivbüro ein: Einen (Schreib-) Tisch an die Wand stellen und einen (Büro-)Stuhl davor stellen. Ein Regal über dem Tisch für die Ausrüstung – ordentlich in beschrifteten oder mit Symbolen versehenen Schuhkartons verstaut – wäre schön. Dann braucht ein Detektiv natürlich Schreibsachen und Papier sowie ein (Spiel-)Telefon und ein Fernglas. Außerdem muss ein Schild außen an die Tür, damit potentielle Klienten die Detektei auch finden!

## Spiegel-Spion

**Material:** 1 größerer Spiegel
**Alter:** ab 3 Jahren

Den Spiegel so an der Wand am Schreibtisch platzieren, dass der Detektiv von seinem Arbeitsplatz aus die Zimmertür hinter sich sehen kann. So sieht er, ob jemand und wer das Zimmer betritt, obwohl er ihm den Rücken zukehrt!

*Was geht über das Wasser und wird nicht nass?*

## Computer

*Heutzutage geht auch in einer Detektei ohne Computer nichts mehr!*

**Material:** 1 großer Pappkarton, Schere, dicker schwarzer Filzstift, mehrere Bögen DIN A4-Papier, Klebeband
**Alter:** ab 5 Jahren

Die beiden Deckelklappen des Pappkartons abschneiden. Für den Computer den Karton mit der Öffnung vor die Wand stellen. Auf den Kartonboden den Monitor malen. Am oberen und unteren Ende des Bildschirms je einen Schlitz von etwas mehr als der Breite eines DIN A4-Bogens einschneiden. Zwei bis drei Bögen Papier zusammenkleben, durch die Schlitze fädeln und die obere und untere Papierkante zusammenkleben, so dass das Papier über den Monitor im Kreis laufen kann.
Auf eine der Deckelklappen die Tastatur malen und vor den Monitor legen.
Wenn der Detektiv den Computer „anschaltet", zeigt sich ein weißer Bildschirm, also eine leere Papierseite. Diese kann vom Detektiv mit wichtigen Daten, Bildern und Symbolen beschrieben werden. Ist die Bildschirmseite voll, wird das Papier weiter „gescrollt". „Gespeicherte" Daten ruft der Detektiv ab, indem er das Papier in die andere Richtung zieht.

## Passwort für den Computer

*Natürlich muss der Computer vor fremden Zugriffen geschützt sein – schließlich bewahrt der Detektiv dort wichtige Geheimnisse auf!*

**Material:** Zettel, Stift, Umschlag
**Alter:** ab 3 Jahren

Die Spielleitung malt morgens als Passwort ein einfaches Symbol auf den Zettel (Elefant, Blume, Baum, Stern o.Ä.), legt ihn in den Umschlag und versteckt diesen im Raum. Nur die Kinder, die den Umschlag gefunden haben und der Spielleitung das gültige Passwort nennen können, dürfen den Computer „anmachen" und benutzen.

**Tipp**
Damit nicht nur ein Kind pro Tag an den Computer kann, muss der Umschlag jedes Mal von den Kindern wieder in das Versteck zurückgelegt werden!

## Geheimbuch

*In den Büchern der „5 Freunde“ (➔ S. 86) wimmelt es von verborgenen Gängen, Verstecken hinter der Täfelung und ähnlich raffinierten geheimen Orten. Ein bisschen vom Zauber dieser Verstecke bietet ein schönes altes Buch mit eingearbeitetem Geheimnis …*

**Material:** 1 altes, dickes, gebundenes Buch, flüssiger Klebstoff, 1 scharfes Messer (z. B. Teppichmesser)
**Alter:** ab 5 Jahren (mit Hilfe beim Schneiden)

Mit dem Messer aus allen Seiten des Buches ein gleich großes Rechteck ausschneiden. Danach alle Seiten miteinander verkleben – der obere Buchdeckel muss sich noch öffnen lassen! – und den Klebstoff trocknen lassen. Das Buch wird so zum geheimen Aufbewahrungsort für wichtige Hinweise und fällt zwischen anderen Büchern im Regal gar nicht auf!

## Geheimkarton

*Der Geheimkarton ist ein bisschen prosaischer als das Geheimbuch, aber mindestens ebenso nützlich!*

**Material:** 1 rechteckige Schachtel mit Deckel in beliebiger Größe (von Schuhkarton bis Streichholzschachtel), Pappe, Schere, Papier, Klebeband
**Alter:** ab 4 Jahren

Aus der Pappe ein Stück ausschneiden, das etwas kürzer (ca. 1–2 mm) und breiter (bei einem Schuhkarton ca. 2–3 cm auf jeder Seite) ist als die Schachtel. Die Seitenränder der Pappe nach unten knicken. An einer kurzen Seite einen kleinen Streifen Papier so festkleben, dass ein Papierende nach oben ragt.
Legt man die Pappe in die Unterseite der Schachtel, bekommt diese einen doppelten Boden – ein prima Geheimfach! Durch Ziehen an dem kleinen Papierstreifen lässt sich das Geheimfach bequem öffnen.

*Warum kann es nicht zwei Tage hintereinander regnen?*

## Code-Verstecke

**Material:** Papier, Stifte, Umschläge, evtl. Klebeband, Kugelschreiber zum Aufschrauben
**Alter:** ab 6 Jahren

Die aktuellen Codes zum Verschlüsseln einer Nachricht (➔ S. 53, „Texte schnell verschlüsselt“) müssen streng geheim aufbewahrt werden! Codes in einen Umschlag legen und an einem sicheren Ort verstecken, z. B. unter den Tisch kleben, oder den Code auf einen schmalen Streifen Papier schreiben und in einen Kugelschreiber zur Mine stecken.

**Tipp**
Um Code-Diebe in die Irre zu leiten, einen Umschlag mit einem falschen Code an einen offensichtlicheren Platz legen, wo er eher gefunden wird, z. B. unter den Teppich oder zwischen die Seiten eines Buches.

## Firmenschild und Motto der Detektei

*Selbst Detektive müssen sich gut verkaufen. Wer keine Werbung macht, bekommt auch keine Aufträge!*

**Material:** Schreibsachen, große weiße Pappe, dick schreibender Filzstift, Klebeband
**Alter:** ab 5 Jahren (mit Hilfe beim Schreiben)

Die Spielleitung überlegt gemeinsam mit allen potentiellen Detektiven, wie die Detektei heißen könnte und welcher Werbeslogan gut zum Namen passen würde. Sie notiert alle Vorschläge.
Wenn sich die Kinder für einen Namen und ein Motto entschieden haben, hilft die Spielleitung ihnen, diese groß auf die Pappe zu schreiben und das fertige Firmenschild an der Tür zum Detektivbüro zu befestigen.

**Tipp**
Vielleicht soll die Detektei „Die fünf ?????“ heißen, weil es diesmal fünf Detektive sind? Oder doch lieber „Detektei Köpfchen“, „Das beste Detektivbüro der Welt“ oder „Die Spürnasen“? Es könnte aber auch z. B. „Die Rätselknacker-Bande“ heißen oder „PTTM“, weil die Detektive Paula, Tim, Teresa und Max sind?
Beim Motto zeigen die Detektive schon einmal, wie gut sie mit Wörtern und Reimen kombinieren können, z. B.:

- Ist Ihr Ring auch plötzlich fort,
  wir finden ihn an jedem Ort!
- Gibt es vom Täter keine Spur,
  fragen Sie uns Detektive nur!
- Wir Detektive sind auf Zack,
  stecken Diebe in den Sack!

***Die erste Detektei***
*Das älteste Detektivbüro der Welt gründete der amerikanische Kriminalist Allan Pinkerton in Chicago im Jahre 1850. Das Büro war von Anfang an sehr erfolgreich tätig und verhinderte z. B. 1861 ein Attentat auf den damaligen Präsidentschaftsanwärter und späteren Präsidenten Abraham Lincoln.*
*Das Firmenlogo war ein Auge und das Motto der Detektei lautete „Wir schlafen nie“. Die Detektei gibt es heute noch unter dem Namen* Pinkerton´s National Detective Agency *und das Geschäft läuft gut. Die Firma ist so bekannt, dass aufgrund des Auges („eye“ im Englischen) als Logo seitdem jede andere Detektei auch* private eye, *das private Auge, genannt wird.*

*In welchem Monat essen die Kinder am wenigsten?*

# Das Detektivbüro sichern

*Da der Detektiv in seinem Büro Beweismaterial und wichtige Unterlagen zu seinen Fällen aufbewahrt, sollte er sein Büro gegen unbefugtes Betreten absichern. Kalle Blomquist zog einfach das Kletterseil hoch, wenn er mit seinen Weißen Rosen oben unterm Dach ungestört sein wollte. „Die Drei ???“ hatten ihr Büro sogar mit Fallen gesichert (wer wissen möchte, wie, kann es in den Büchern nachlesen, → S. 86). Aber auch für kleine Schnüffelnasen gibt es ein paar einfache Tricks.*

## Türkontrolle

**Material:** dünner Faden oder Haar
**Alter:** ab 3 Jahren

Wenn der Detektiv seinen Raum verlässt, klemmt er einen dünnen Faden oder ein Haar zwischen Tür und Türrahmen ein. Ist das Haar bei seiner Rückkehr nicht mehr an seinem Platz, weiß der Detektiv, dass in seiner Abwesenheit eingebrochen wurde!

**Tipp**
Dieser Trick funktioniert auch, um zu kontrollieren, ob Schubladen oder Schränke geöffnet wurden!

## Linsen-Alarm

**Material:** kleine, schmale Pappschachtel, Schere, Linsen, Faden, Klebeband; evtl. Konservendose oder Glöckchen, Schnur
**Alter:** ab 5 Jahren

Die Verschlussklappen der Pappschachtel abschneiden, so dass die Schachtel nicht mehr geschlossen werden kann. Die Schachtel mit den Linsen füllen und auf den Türrahmen stellen. Bei verschlossener Tür auf einen Stuhl steigen und einen kurzen Faden mit dem einen Ende an die Pappschachtel und mit dem anderen Ende an die Tür kleben.
Öffnet jemand die Tür, ohne vorher den Alarm abzuschalten (d. h. die Schachtel schnell festzuhalten), fällt die Schachtel um und die Linsen klackern auf den Boden – erwischt!

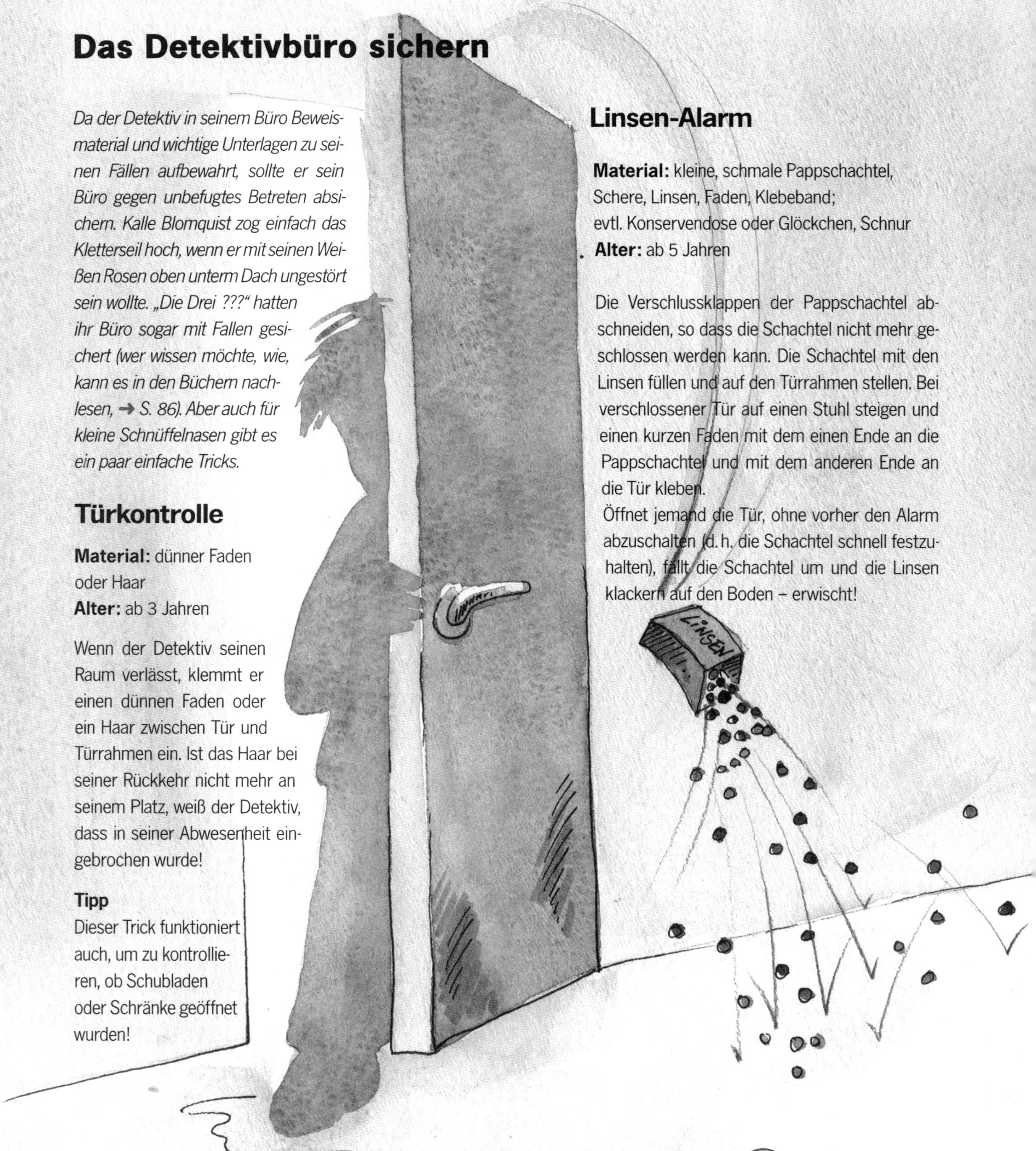


*Was hört ohne Ohren, spricht ohne Mund und redet in allen Sprachen?*

**Variante**
Konservendosen oder Glöckchen an Schnüre binden und am oberen Türrahmen festkleben, so dass die Dosen scheppern und die Glöckchen bimmeln, wenn jemand die Tür öffnet.

## Müll vor der Tür

**Material:** kleine Abfallpapierchen
**Alter:** ab 3 Jahren

Öffnet sich die Tür zum Büro nach außen, legt der Detektiv beim Weggehen ein Abfallpapierchen vor die Tür. Öffnet ein Unbefugter die Tür, schiebt er dabei den „Müll" unbeachtet zur Seite.

## Anschleichen verboten!

**Material:** Erdnussschalen oder Kieselsteinchen
**Alter:** ab 3 Jahren

Sollte der Detektiv befürchten, dass sich jemand hinterrücks an ihn heranschleichen könnte, während er an seinem Schreibtisch arbeitet, streut er zwischen sich und der Tür knirschenden Kies oder knackende Erdnussschalen auf den Boden.

***Ein Wort zum Täter***
*Bei einigen der gespielten Fälle in diesem Buch muss es zwangsläufig einen „Täter" geben. Wie langweilig, wenn die Detektive nie jemanden erwischten! Allerdings mag sich vielleicht niemand als Täter hergeben und für die Kinder als Buhmann dastehen. Oder schlimmer: Was, wenn die Kinder nach Hause gehen und dort erzählen, dass ihr Erzieher oder ihre Erzieherin ein Stofftier geklaut hat?*
*Zum Trost sei gesagt, dass die Kinder durchaus den Spielcharakter der Fälle erkennen. Schließlich spielen sie auch „Räuber und Gendarm" oder „Böser Tyrannosaurus frisst kleine Dino-Babys". Niemand wird dahinter einen schlechten Charakter vermuten! Sicher gibt es sogar das eine oder andere Kind, das gerne die Rolle des Bösewichtes übernehmen möchte. Und bei manchen Fällen, z. B. dem „Fall Nr. 17: Teddy-napping!" (→ S. 70), kann das Spiel täglich als kleines „Nun-ist-der-Teddy-schon-wieder-weg-Ritual" wiederholt werden, bis alle Kinder und Erwachsenen der Einrichtung einmal als Täter an der Reihe waren.*
*Für den Detektiv wiederum gilt natürlich: Nie jemanden beschuldigen, wenn man keine Beweise hat!*

## Fall Nr. 1: Achtung – geheime Unterlagen!

**Material:** Detektivbüro (→ S. 8), Umschlag mit „geheimen" Unterlagen
**Alter:** ab 4 Jahren

### Vorbereitung

Die Spielleitung warnt die Detektive, dass Spione aus der Nachbargruppe einen wichtigen Umschlag mit geheimen Informationen aus dem Detektivbüro entwenden wollen. Sie gibt den Detektiven den geheimen Umschlag und fordert die Detektive auf, ihn gut zu verstecken und das Detektivbüro abzusichern (→ S. 12).

### Durchführung

Später am Tag (wenn z. B. die Detektive mit ihrer Gruppe im Sitzkreis oder auf dem Spielplatz sind) bekommen einige Spione den Auftrag, den Umschlag zu entwenden, aber ohne dass die Detektive merken, dass jemand in ihr Büro eingedrungen ist. Gelingt das den Spionen?

# Detektiv-Ausrüstung

*Auch wenn auf der einen Seite ein Nick Nase, Kalle Blomquist oder eine Miss Marple gänzlich ohne Ausrüstung und Zubehör auskommen und sich nur auf ihr Köpfchen verlassen, so muss auf der anderen Seite doch selbst ein Sherlock Holmes mal zum Reagenzglas oder zur Lupe greifen. Einige Ausrüstungsgegenstände gehören sozusagen zum Standard eines richtigen Detektivs!*

## Tatort-Koffer

**Material:** 1 alter, flacher Aktenkoffer oder 1 Mappe (zur Not Schuhkarton); evtl. Pinzette, Plastikhandschuhe, Plastiktüten, Briefumschläge, 1 Notizblock oder (kariertes) Notizbuch, 1 Stift, 1 Fingerabdruck-Set (➜ S. 27 f.), 1 Detektivausweis (➜ S. 8), 1 (Spiel-)Handy, (Spiel-)Geld, Lupe, Maßband usw.
**Alter:** ab 4 Jahren

Die Spielleitung überlegt gemeinsam mit den Kindern, was ein Detektiv wohl benötigen könnte und immer bei sich haben sollte. Alle Gegenstände, auf die die Kinder sich einigen, kommen in den Tatort-Koffer. Darunter sollten sein:

- Pinzette, um Beweismaterial anfassen zu können, ohne eigene Spuren zu hinterlassen oder vorhandene zu zerstören;
- stattdessen kann der Detektiv auch Plastikhandschuhe überstreifen;
- Plastiktüten und Briefumschläge, in die die Detektive Beweismaterial verpacken können, also z.B. einen letzten Brief, den Gipsabdruck von einer verdächtigen Reifenspur (➜ S. 31, „Fahrradspuren lesen") oder einen Gegenstand, den der Täter am Tatort vergessen hat (z.B. im „Fall Nr. 17: Teddy-napping!", ➜ S. 70);
- ein Notizblock und ein Stift, um wichtige Beobachtungen aufschreiben zu können (ein kariertes Notizbuch eignet sich besonders gut: ➜ S. 16, „Ausmessen – aber wie?");
- Fingerabdruck-Set;
- Detektivausweis;
- ein (Spiel-)Handy, um sofort die Polizei benachrichtigen oder Verstärkung anfordern zu können;
- (Spiel-)Geld, wenn sich der Detektiv für eine Auskunft erkenntlich zeigen muss;
- Lupe;
- Maßband;

und vieles mehr ...

*Wie viele Eier kannst du nüchtern essen?*

***Ausmessen – aber wie?***

*Wichtige Spuren werden in der Regel auf Fotos festgehalten. Da auf ihnen die Größe des abgebildeten Objektes nicht immer zu erkennen ist, fotografiert man einfach etwas mit, dessen Größe genau festgelegt und für jeden klar erkennbar ist, z. B. eine Münze oder ein Lineal.*

*Kariertes Papier eignet sich sehr gut für Größenangaben. Im Normalfall entsprechen zwei Kästchen genau einem Zentimeter – das karierte Papier kann deshalb als Lineal eingesetzt werden (es erleichtert auch das Zeichnen von Grundrissen und Straßenplänen!).*

*DIN A4-Papier ist fast genau 30 cm lang und kann auch zu Hilfe genommen werden.*

*Falls der Detektiv kein Maßband zur Hand hat, sollte er die Länge seiner eigenen Schritte, Hände, Arme oder Füße kennen – liegt die Tatwaffe dann genau drei Schritte vom Opfer entfernt, kann der Detektiv die Entfernung in Metern leicht ausrechnen!*

## Mini-Notfall-Ausrüstung

**Material:** 1 ausgedientes Federmäppchen; evtl. 1 kleiner Notizblock, 1 winziger Stift, 1 kurzes Maßband, 1 kleine Lupe, 1 Streichholzschachtel, etwas Schnur, 1 halbe Kerze, Papierrest, 1 Bleistiftstummel usw. (s. auch Material „Tatort-Koffer", ➜ S. 15)
**Alter:** ab 5 Jahren

Nicht immer kann der Detektiv einen ganzen Koffer mit sich herumschleppen – bei längeren Beschattungen z. B. geht es sonst ganz schön in die Arme! Dann muss eine Minimal-Ausstattung reichen: Federmäppchen mit den am dringendsten benötigten Ausrüstungsgegenständen füllen, diesmal allerdings alle im Mini-Format (also kleiner Notizblock mit winzigem Stift, kurzes Maßband, kleine Lupe usw.).

### Variante

Winzig-wunzig wird die Ausrüstung, wenn der Detektiv das Wesentliche in eine Streichholzschachtel legt: etwas Schnur, eine halbe Kerze für Wachsnachrichten (➜ S. 61), etwas zugeschnittenes Papier und einen Bleistiftstummel.

## Der total verrückte und ultrageheime Detektivmantel

**Material:** 1 alter Trenchcoat, Stoff in gleicher Farbe, Nähzubehör, evtl. Schulterpolster; weiteres Material s. Beschreibung (➜ S. 17)
**Alter:** ab 4 Jahren (mit Hilfe beim Nähen)

### Vorbereitung

Auf die Innenseite des Mantels viele unterschiedlich große Taschen aufnähen; vielleicht auch Schulterpolster einnähen. Eventuell einen Vater oder eine Mutter aus der Elternschaft darum bitten.

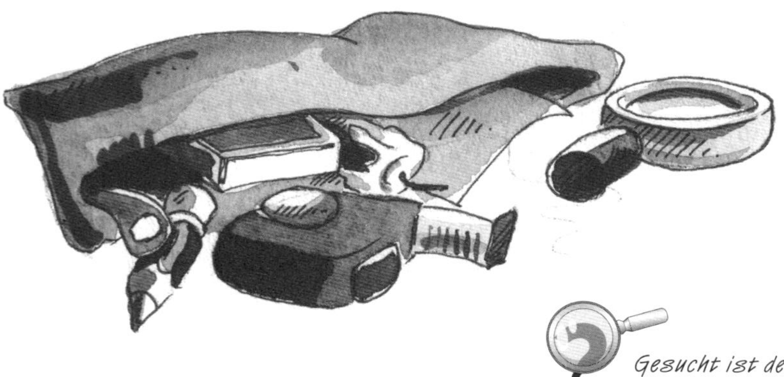

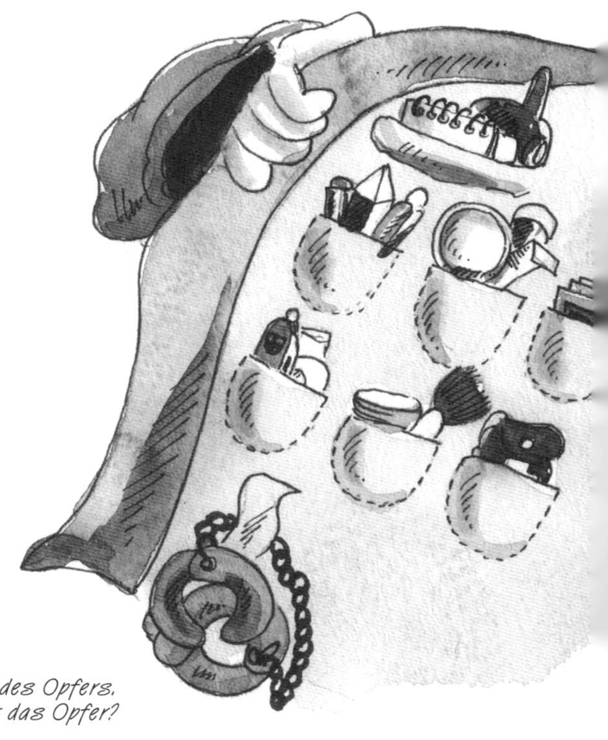

*Gesucht ist der Name des Opfers.*
*Wie heißt das Opfer?*

**Durchführung**

Den Mantel mit einer verrückten Detektivausrüstung ausstaffieren, z. B.:

- mit dem echten Detektivausweis und zusätzlich einem oder mehreren falschen Ausweisen, um Schurken irrezuführen und bei den Ermittlungen keine Hinweise auf sich selbst zu hinterlassen;
- mit Kreide, um Beweise am Tatort zu kennzeichnen;
- mit Notizblock und einem Stift und einem Ersatzstift für den Stift und einem Ersatzstift für den Ersatzstift ...;
- mit einem Feldstecher, um auch Geschehnisse verfolgen zu können, die sich in größerer Entfernung abspielen;
- mit einer Kamera, um unumstößliche Beweise zu liefern, dass sich die beiden Tatverdächtigen heimlich getroffen haben, obwohl sie bei der Vernehmung durch die Polizei beteuert haben, sich nicht zu kennen;

- mit Geld, aber keinem falschen, denn das wäre strafbar;
- mit Kaugummi (damit lassen sich prima Dinge irgendwo festkleben, z. B. ein Umschlag mit einer geheimen Nachricht unter einem Stuhl);
- mit dem Set für Fingerabdrücke (→ S. 27 f.);
- mit einem Funkgerät oder Walkie-Talkie (→ S. 20);
- mit einer Taschenlampe, um im Dunkeln Leuchtzeichen geben zu können (→ S. 59 f.) oder auch für nächtliche Ermittlungen und dunkle Keller;
- mit einer Lupe und einem Maßband;
- mit den Dingen, die der Detektiv benötigt, um Gipsabdrücke zu nehmen (→ S. 31);
- mit einer Alarmpfeife, um bei Gefahr schnell Verstärkung herbeizurufen;
- mit einem Erste-Hilfe-Päckchen, falls sich der Detektiv nach einem Angriff aus dem Hinterhalt medizinisch versorgen muss;
- mit einem Taschenmesser – das ist immer nützlich;
- mit einem Tonband- oder Diktiergerät, um eine Zeugenaussage genau festzuhalten;
- mit einem Taschenspiegel für Leuchtzeichen und unauffälliges Nachhintenschauen;
- mit Handschellen oder Seilen, um den Täter dingfest zu machen und der Polizei übergeben zu können;
- mit Perücken, Brillen, einem falschen Schnurrbart und anderen Verkleidungen, um bei längeren Beschattungen nicht aufzufallen.

Bei so vielen Ausrüstungsgegenständen sollte der Detektiv schon über einige Muckis verfügen. „Spargeltarzane" bekommen vielleicht zusätzlich zu den Innentaschen dicke Schulterpolster eingenäht – dann sind die Bösewichte gleich schon eingeschüchtert, wenn der Detektiv mit dem breiten Kreuz auftaucht! Aber selbstverständlich sollte der Detektiv genau auswählen, was er wirklich benötigt, sonst ist er womöglich vom schweren Tragen zu erschöpft für eine aufregende Verfolgungsjagd!

*Was ist das: Ein Haus voll Essen und die Tür vergessen?*

## Falscher Bart

**Material:** dunkle Pappe, Wolle in Haarfarbe, Schere, flüssiger Kleber, evtl. doppelseitiges Klebeband
**Alter:** ab 5 Jahren

Aus der Pappe einen Halbmond ausschneiden, der in der Größe zum Gesicht des Detektivs passt und am Kinn entlang von einem Ohr zum anderen reicht. Wollfäden wie einen Bart auf die Pappe kleben. An den Enden des Halbmondes jeweils eine Schlaufe aus Wolle festkleben, mit der der Bart an den Ohren befestigt werden kann.

### Tipp

Auf diese Weise lassen sich auch falsche Schnurrbärte und Augenbrauen herstellen. Die müssen allerdings mit doppelseitigem Klebeband am Gesicht befestigt werden.

## Falsche Brille

**Material:** feste Pappe, Bleistift, Schere, Malstifte
**Alter:** ab 4 Jahren

Eine zur Gesichtsgröße passende Brillenform inklusive der Bügel auf die Pappe malen und ausschneiden. Mit Stiften verzieren. Zum Aufsetzen die Bügel nach hinten biegen.

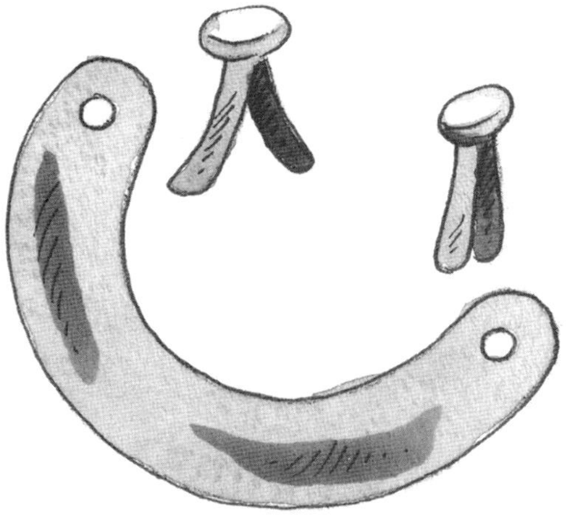

## Wessen Schatten ist das?

**Material:** weißes Bettlaken, Schnur, Wäscheklammern, Stehlampe, Verkleidungskiste mit Perücken, Herrenhemd, Kissen zum Auspolstern, falschen Bärten und Brillen, Kleidung und Schuhen aller Art usw.; evtl. Kassettenrekorder mit Mikrofon, Kassette
**Alter:** ab 3 Jahren

Die Schnur durch den Raum spannen und mit Hilfe der Wäscheklammern das Bettlaken daran hängen. Dahinter die Stehlampe aufstellen und anknipsen. Alles zwischen Stehlampe und Bettlaken erscheint als Schattenumriss auf der anderen Seite des Lakens. Dort versammeln sich die Kinder der Gruppe.
Die Spielleitung wählt etwa fünf Kinder aus, die sie in einen Nebenraum mitnimmt. Dort verkleiden sich die Kinder: Ein Kind schlüpft z. B. in ein Herrenhemd und bindet sich darunter ein dickes Kissen vor den Bauch, ein anderes Kind staffiert sich mit falschen Haaren, falschem Bart und falscher Brille aus.
Das Licht im Raum löschen. Die Spielleitung führt die verkleideten Kinder hinter das Bettlaken. Jeweils eines der Kinder präsentiert sich als Schattenriss – erraten die Zuschauer, um wen es sich in Wirklichkeit handelt?

### Variante

Einige Kinder besprechen mit verstellter Stimme eine Kassette. Finden die anderen Kinder heraus, wer was gesagt hat?

## Handschellen

**Material:** sehr feste graue Pappe, Bleistift, spitze Schere oder Lochzange, 4 Musterklammern, kurzes Stück einer großgliedrigen Kette (z. B. aus dem Baumarkt)
**Alter:** ab 4 Jahren

- Die Vorlage viermal auf die Pappe übertragen und ausschneiden.
- An den vorgesehenen Stellen mit der Schere oder Lochzange Löcher bohren.
- Jeweils zwei der Halbkreise mit einer Musterklammer zu einer Handschelle zusammenfügen und dabei ein Ende der Kette mit festklemmen. Die beiden Handschellen so aneinanderfügen.

Der Detektiv legt dem überführten Täter die Handschellen an, indem er sie mit den anderen beiden Musterklammern um die Handgelenke herum verschließt.

*Was hat vier Flügel und fliegt?*

## Walkie-Talkie

**Material:** 2 gleiche, kleine rechteckige Pappschachteln, Pinsel, Farbe (schwarz und eine beliebige andere), Schere, 2 Rundhölzer (2 cm länger als die Schachteln hoch sind) oder Trinkhalme; evtl. echte Kinder-Walkie-Talkies
**Alter:** ab 3 Jahren

- Die Pappschachteln in einer beliebigen Farbe grundieren und trocknen lassen.
- Mit Schwarz einige Tasten aufmalen, evtl. mit „Ein", „Aus" und „Lautstärke" beschriften und trocknen lassen.
- Die Schachteln hochkant stellen und mit der Schere links oder rechts in die obere Fläche ein kleines Loch bohren (➔ Abb.).
- Je einen Holzstab als Antenne hineinstecken – die Löcher sollten so klein sein, dass die Holzstäbe sehr stramm darin sitzen.

Zwei Kinder, die sich per Walkie-Talkie unterhalten wollen, ziehen die Antennen ein Stück heraus, drücken die „Ein"- und „Aus"-Tasten und regeln die Lautstärke.

### Tipp

Da diese Walkie-Talkies nur funktionieren, wenn beide Kinder im gleichen Raum sind und ziemlich laut reden, lohnt es sich vielleicht, in ein paar günstige Kinder-Walkie-Talkies zu investieren.

***Die Walkie-Talkie-Sprache***

*Das Schönste am Walkie-Talkie ist eigentlich die lustige formelle Sprache, derer sich der Detektiv von Welt stets bedient. So beendet er jede seiner Durchsagen mit einem „Over!", was so viel heißt wie „Ich bin jetzt fertig. Du kannst was sagen!". Um seinem Gegenüber zu bestätigen, dass er ihn klar verstanden hat und mit dessen Vorschlägen einverstanden ist, meldet er „Roger!", also „Alles klar!", zurück. Möchte der Detektiv das Gespräch beenden, sagt er „Over and out!", also „Ich bin fertig – und jetzt mache ich auch eh Schluss!". Sein Gesprächspartner bestätigt ihm das, indem er ebenfalls „Over and out!" über sein Walkie-Talkie meldet.*

## Fotoapparat

**Material:** 1 kleine rechteckige Schachtel, schwarze und silberne Farbe, Pinsel, Schere, glänzende schwarze Plastikfolie, Klebeband
**Alter:** ab 4 Jahren

Die Schachtel silbern bemalen und trocknen lassen.
Mit der schwarzen Farbe Knöpfe, Schalter und Sichtfenster aufmalen und ebenfalls trocknen lassen.
Aus der Vorderseite der Schachtel einen Kreis ausschneiden und mit schwarzer Folie hinterkleben. Das ist die Linse des Fotoapparates.

## Schnappschüsse

**Material:** schwarzes Papier, weiße Kerze oder schwarzer Wachsmalstift, Mehl, Pinsel; evtl. echte Fotos
**Alter:** ab 4 Jahren

Bevor der Detektiv Aufnahmen macht, malt er seine Motive mit der Kerze oder dem Wachsmalstift auf das Papier. Das steckt er in seine Kamera, geht herum und macht die entsprechenden Aufnahmen.
Zum Entwickeln zieht er das Papier aus der Kamera heraus und pinselt mit dem Mehl darüber: Das Mehl bleibt auf dem Wachs haften und das „Foto“ kommt zum Vorschein (→ S. 61, „Geheime Wachsnachricht“).

### Variante

Der Detektiv versteckt echte Fotos in seinem Fotoapparat und zieht sie nach dem Fotografieren triumphierend hervor! Das wirkt wie bei einer Sofortbildkamera!

*Was ist fertig und wird doch täglich gemacht?*

## Mikroskop

*Muss der Detektiv einmal genau hinschauen, geht es nicht ohne Mikroskop!*

**Material:** Mikroskop, verschiedene Wollflusen, Fäden und Bänder, evtl. Salz, Zucker, Federn, Haare von verschiedenen Haustieren, Sand, Erde
**Alter:** ab 3 Jahren

Mikroskop an einem hellen, erschütterungsfreien Platz aufbauen. Den Kindern die Benutzung erklären: Wo lege ich die Probe hin? Wo mache ich das Licht an? Wo gucke ich rein? Wo stelle ich scharf?
Mit den Kindern zusammen verschiedene Woll- und Synthetikfäden unter dem Mikroskop anschauen – toll, wie gut die Unterschiede zu sehen sind!
Ausprobieren, was sich noch alles unter dem Mikroskop beobachten lässt: Salz- und Zuckerkristalle, Federn und Haare von verschiedenen Haustieren, Sand und Erde, …

### Übrigens

Ein Haar eines Täters reicht normalerweise nicht aus, um die Haarfarbe verlässlich zu bestimmen, weil meist die Haare auf einem Kopf leicht unterschiedlich gefärbt sind. Damit die Angabe wirklich genau ist, brauchen Kriminologen etwa zehn Haare vom Täter.

## Fall Nr. 2: Das Waschbecken-Rätsel

**Material:** Schere, Wollkleidung (z. B. Pulli, Schal, Mütze), Mikroskop, kleine durchsichtige Plastiktütchen, Zettel, Stift, Pinzette, evtl. Briefumschlag
**Alter:** ab 5 Jahren

**Vorbereitung**
Von jedem Kind, das Wollkleidung (z. B. Pulli, Schal oder Mütze) trägt oder dabeihat, zwei kleine Flusen oder Fäden abschneiden. Je eine der Flusen als Referenzfluse in ein Plastiktütchen geben und einen Zettel mit dem Namen des Kindes, dem das Kleidungsstück gehört, dazulegen. Die jeweils andere Fluse mit allen übrigen Flusen zusammen in einem Extra-Tütchen aufbewahren.
Eines der Kinder abpassen, wenn es die Toilette verlässt und gemeinsam mit ihm die Fluse seiner Kleidung aus dem Extra-Tütchen in ein trockenes Waschbecken im Toilettenraum geben.

**Durchführung**
Die Spielleitung ruft alle Detektive zusammen und fragt sie: „Ich möchte gerne herausfinden, wer sich zuletzt im Waschraum die Hände gewaschen hat, ohne jeden einzeln fragen zu müssen. Könnt ihr mir helfen?"
Falls die Jung-Detektive noch nicht so gewieft sind, am Ort selbst nach Spuren zu suchen, hilft die Spielleitung durch behutsames Fragen etwas nach: „Vielleicht hat jemand dort etwas liegen lassen? Sollen wir mal schauen?"
Nun wird der Waschraum besichtigt. Sicher entdeckt einer der Detektive die Fluse. Aber ist sie wirklich von demjenigen, der das Waschbecken zuletzt benutzt hat? Na klar, sonst wäre sie ja im Wasserstrahl weggespült worden!
Also, Fluse mit einer Pinzette in einen Briefumschlag oder eine kleine Plastiktüte legen und ab zum Mikroskop. Beweisfluse darunter anschauen und mit den Referenz-Flusen vergleichen. Na, welche Flusen sind von der gleichen Person?

## Um-die-Ecke-Gucker

**Material:** Pappe (ca. 60 x 20 cm), Stift, Lineal, Schere, 2 kleine Taschenspiegel, Schere, Gummibänder, evtl. Klebeband
**Alter:** ab 5 Jahren (mit Hilfe eines Erwachsenen)

- Mit dem Lineal auf der Pappe längs in 5-cm-Abständen Linien ziehen.
- Entlang dieser Linien den Karton knicken.
- Die Pappe auseinander falten und jeweils 6 cm von den schmalen Rändern entfernt eine Linie ziehen (s. Abb).
- Das in der Abbildung markierte Viereck ausschneiden.
- Die Pappe zur Röhre falten und mit den Gummibändern zusammenhalten.
- Die Spiegel oben und unten schräg einsetzen, so dass die schräge Fläche zur jeweiligen Öffnung hinweist, eventuell mit Klebeband befestigen. Die Schräge muss oben und unten gleich sein, sonst spiegeln sich die Spiegel nicht gegenseitig!

**Tipp**
Sitzen die Spiegel zu locker, die Röhre oben und unten mit einem strammen Gummi besonders fest zusammenhalten.

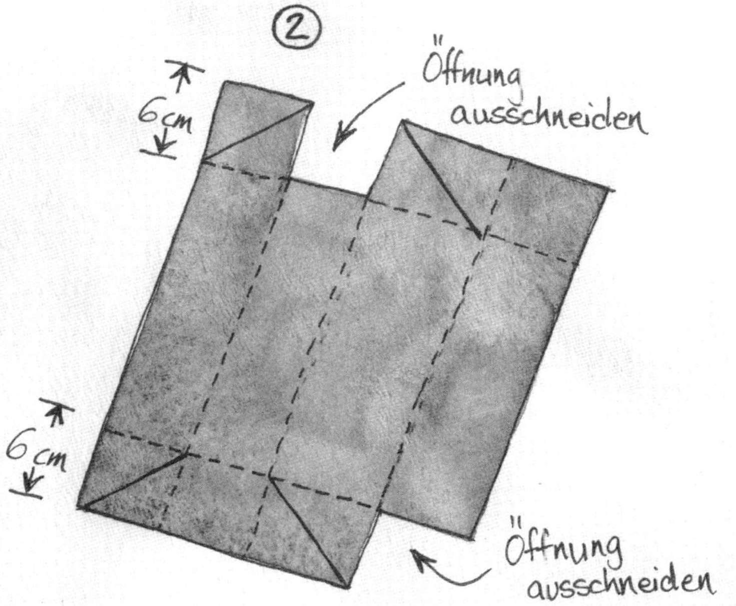


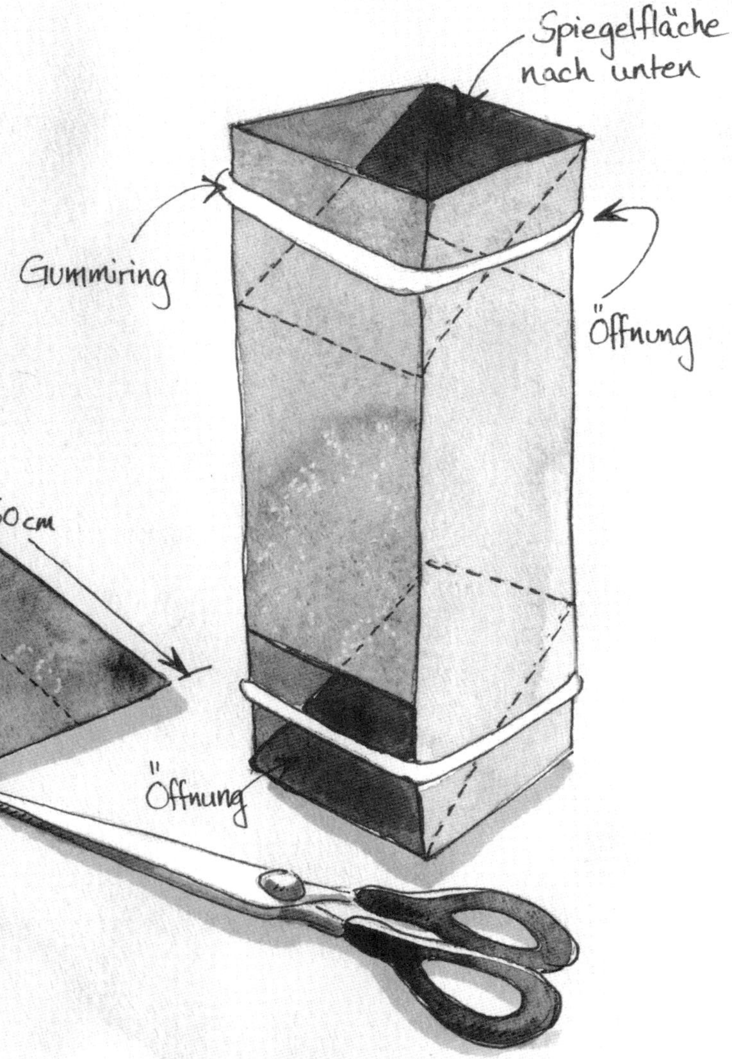


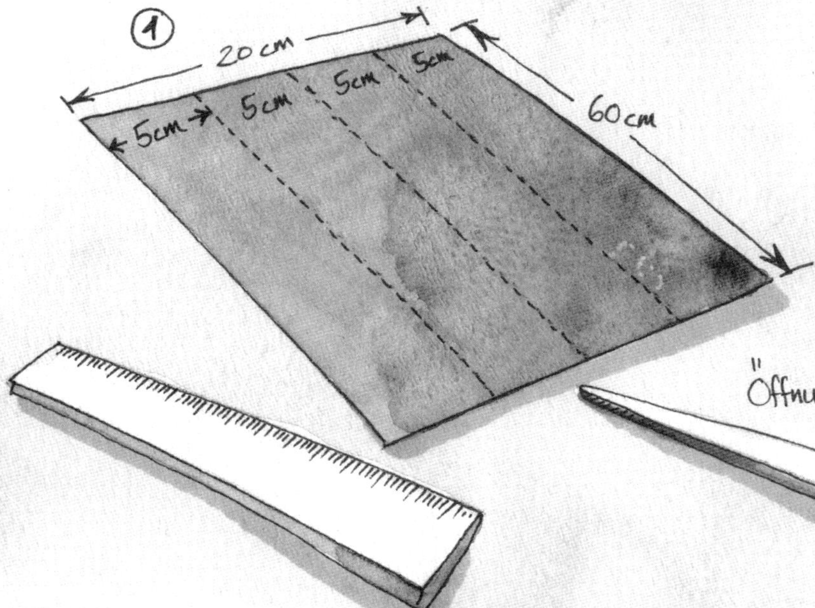


*Was ist schwerer: ein Kilo Federn oder ein Kilo Blei?*

# Detektiv-ABC

**Agent:** Mitarbeiter eines Geheimdienstes, der heimlich wichtige politische, wirtschaftliche oder militärische Geheimnisse auskundschaftet.
**akustische Überwachung:** Methode, um Tatverdächtige mit elektronischen Geräten heimlich abzuhören und zu überwachen.
**Alias:** falscher Name, den sich Täter oder Ermittler geben, um unerkannt zu bleiben.
**Alibi:** Nachweis der Abwesenheit vom Tatort zur Zeit des Verbrechens (➜ S. 42).
**Aussage:** ausdrückliche, also schriftliche und unterschriebene Erklärung, die Zeugen oder Täter über den Tathergang abgeben.
**beschatten:** eine Person ständig heimlich beobachten.
**Beweis:** Tatsache, die bezeugt, dass eine verdächtige Person eine Straftat begangen hat.
**Blüten:** gefälschte Geldscheine.
**chiffrieren:** einen Text in einer Geheimschrift verschlüsseln (von dem französischen Wort *chiffre* für „Geheimzeichen"). Für jeden Buchstaben steht eine andere Zahl oder ein anderer Buchstabe.
**Code:** Schlüssel zum Entziffern oder Verschlüsseln einer geheimen Nachricht. Der Unterschied zum Chiffrieren: Bei einem Code kann eine einzelne Bewegung, ein einzelnes Zeichen für eine ganze Nachricht stehen.
**Corpus Delicti:** (aus dem Lateinischen) Gegenstand (z. B. Werkzeug), mit dem eine Straftat begangen wurde und der also direkt mit dem Verbrechen in Verbindung steht.
**Daktyloskopie:** Verfahren zur Identifizierung von Personen durch Fingerabdrücke (➜ S. 27).
**Dechiffrieren:** einen in Geheimschrift geschriebenen Text entschlüsseln. Wird auch „Code-Knacken" genannt, wenn die Geheimschrift vorher unbekannt war.
**Delikt:** Straftat oder Vergehen, also alles, was verbotenerweise getan worden ist.
**Dietrich:** einfacher, hakenförmig gebogener Draht zum Öffnen von Türschlössern (klappt aber nur bei alten Schlössern, nicht bei modernen Sicherheitsschlössern).
**Einbruch:** Eigentlich nur das widerrechtliche, gewaltsame Eindringen in fremde Gebäude. Wenn der Täter zusätzlich etwas mitgehen lässt, heißt es in der Fachsprache „Einbruchdiebstahl".
**Fahndung:** Suche nach vermissten Gegenständen oder Personen.
**Genetischer Fingerabdruck:** Untersuchung von Blut, Urin oder Körperzellen, um das Muster des Erbgutes einer Person zu ermitteln. Dieses Muster ist bei jedem Menschen einmalig.
**Graphologie:** Lehre von den Handschriften und der Deutung des Charakters aus der Handschrift. Oft wird untersucht, ob z. B. eine Unterschrift wirklich von einer bestimmten Person stammt.
**Hehler:** Person, die Diebesgut kauft und wieder verkauft.
**Hochstapelei:** Betrug, bei dem der Täter eine hohe gesellschaftliche Stellung, ein besonderes Wissen oder ein Vermögen vortäuscht.
**Indiz:** verdächtiger Umstand oder eine Tatsache, die auf einen bestimmten Sachverhalt schließen lässt, ihn aber nicht direkt beweist. Ist vor Gericht nicht so kräftig wie ein Beweis!
**in flagranti:** Lateinisch für „auf frischer Tat".
**Informant:** Person, die dem Detektiven wichtige Informationen liefert.
**Kapitalverbrechen:** besonders großes, schweres Verbrechen (vor allem Mord).
**Kidnapping:** Menschenraub, um Lösegeld oder die Erfüllung von Forderungen zu erpressen.
**Kriminologie:** Wissenschaft vom Verbrechen, seinen Ursachen, Opfern usw.
**Lügendetektor:** (auch „Polygraph") Gerät, das körperliche Erregung aufzeichnet, was aber nicht unbedingt ein Indiz für Lügen ist!

**Maulwurf:** Agent, der sich überreden lässt, für einen anderen Geheimdienst zu arbeiten und seinen jetzigen Arbeitgeber auszuspionieren, indem er dort im Dienst bleibt.
**Mord:** absichtliche Tötung eines Menschen.
**Morsecode:** aus Punkten und Strichen bestehendes Alphabet zur Nachrichtenübermittlung durch Strom- oder Lichtimpulse (→ S. 59).
**Motiv:** Grund oder Antrieb für eine Tat.
**Nachtsichtgerät:** Gerät, um bei Dunkelheit (mittels Infrarot-Technik) zu sehen. Sehr zu empfehlen bei nächtlichen Beschattungen.
**Observation:** Beobachtung von Verdächtigen über lange Zeiträume und Entfernungen.
**Pathologe:** Arzt, der das Opfer eines Verbrechens untersucht, um wichtige Hinweise über die Tatzeit oder den Hergang des Verbrechens zu ermitteln.
**Phantombild:** nach Angaben von Zeugen hergestelltes Bild eines gesuchten Täters (→ S. 43).
**Raub:** Verbrechen, bei dem der Täter einen Gegenstand oder eine Person mit Gewalt oder Gewaltandrohung an sich bringt.
**Razzia:** Aktion der Polizei, bei der Verdächtige festgenommen werden und ihr Aufenthaltsort durchsucht wird.
**Schatten:** Detektiv, der eine andere Person verfolgt und nicht aus den Augen lässt („beschattet"), ohne sich selbst blicken zu lassen.
**Schutzgeld:** Geld, das Gauner von z. B. Ladenbesitzern erpressen, indem sie drohen, deren Geschäft zu verwüsten.
**Serienverbrecher:** Verbrecher, der mehrere Verbrechen nach demselben Muster durchführt.
**Sing-Sing:** umgangssprachlicher Ausdruck für Gefängnis. Der Name leitet sich vom ehemaligen Staatsgefängnis von New York im jetzigen Ossining, früher Sing Sing Village, ab.
**Spuren:** Abdrücke oder Hinweise, die auf den Täter schließen lassen (z. B. Fingerabdrücke, Reifenspuren, Blutflecken oder Stofffasern).
**Spurensicherung:** polizeiliche Sicherstellung von Spuren eines Verbrechens.
**Steckbrief:** öffentlich bekannt gemachte Personenbeschreibung eines gesuchten Verbrechers.
**Stimmabdruck:** genau wie der Fingerabdruck einzigartig für jeden Menschen: Sprechtempo, -höhe, -rhythmus etc. werden elektronisch aufgezeichnet und können am Computer mit dem Stimmabdruck anderer Personen verglichen werden.
**Tarnung:** Hilfsmittel, mit denen man sich gegen Entdeckung und Gesehenwerden schützt, z. B. falscher Bart oder Perücke.
**Tatort:** Ort, an dem eine strafbare Handlung begangen wurde. Die Spuren am Tatort müssen dringend gesichert werden, da sie Hinweise auf den Täter liefern können.
**Überfall:** jemandem Schaden zufügen durch einen plötzlichen gewaltsamen Angriff oder die Androhung von Gewalt.
**überwachen:** eine verdächtige Person ständig heimlich beobachten.
**Verhör:** eine genaue Befragung von Zeugen und Verdächtigen, um Hinweise auf die Tat und den Täter zu finden.
**Wanze:** umgangssprachlicher Ausdruck für ein kleines elektronisches Abhörgerät. Ein Zimmer, das verwanzt ist, steckt voll von solchen Geräten.
**Zeugen:** Personen, die das Begehen eines Verbrechens (oder Tatvorgänge in diesem Zusammenhang) mit angesehen haben und darüber dem Detektiv, der Polizei oder vor Gericht Auskunft geben können.

*Wo wird Heu gemäht?*

# Am Ort des Geschehens – der Tatort

Alarm! Ahnungslos hat die Erzieherin den Raum betreten, da bemerkt sie auch schon das abscheuliche Verbrechen: Das neue Marmeladenglas mit der leckeren Waldfrucht-Konfitüre steht geöffnet mitten auf dem Tisch, und jemand hat sich am Inhalt zu schaffen gemacht! Aber wer? Wer war mit dem Finger in der Marmelade und hat genascht?
Der Detektiv geht systematisch vor: Wo stand das Glas ursprünglich? Wie groß muss der Täter also gewesen sein, um es erreichen zu können? Oder hat er einen Stuhl zu Hilfe genommen? Dann könnten an der Lehne Fingerabdrücke zu finden sein! Gibt es jemanden, der vor kurzem über großen Hunger geklagt hat? Oder handelt es sich bekanntermaßen um die Lieblingsmarmelade eines gewissen Kindes? Wer hat die Marmelade zuletzt noch unberührt gesehen? Gibt es Zeugen, die den Täter vielleicht sogar am Tatort gesehen haben?
Nun ans Werk! Der Detektiv macht ein Foto vom Corpus Delicti und der Anrichte, aus der das Glas entwendet wurde. Den Stuhl direkt daneben untersucht er gründlich nach Fingerabdrücken und wird tatsächlich fündig: Er nimmt zwei verschiedene Abdrücke und archiviert sie sorgfältig. Jetzt befragt er die Zeugen: Wer hat die Entdeckung gemacht? Gibt es eine Vermutung, wer die Tat begangen haben könnte? Warum wird gerade derjenige verdächtigt?
Letztlich kommen zwei Personen als Täter in Betracht. Auch sie werden vom Detektiv befragt: Wer hat ein Motiv? Wer hat ein Alibi? Der Detektiv bittet die Hauptverdächtigen um ihre Fingerabdrücke und vergleicht sie mit den Abdrücken am Tatort – nein, die beiden waren es nicht!
Der Detektiv grübelt. Was hat er nur übersehen? Erneut untersucht er den Tatort und befragt die Zeugen. Halt! Die Erzieherin hatte sich speziell diese Marmelade für das morgige Frühstück gewünscht? Hmm. Das Glas stand ganz oben im Schrank? Die Erzieherin wurde nur wenige Minuten vor der Entdeckung des Verbrechens dabei gesehen, wie sie aus dem Zimmer kam? Aha!
Der Detektiv konfrontiert die Erzieherin mit den Indizien. Weinend bricht sie zusammen und legt ein Geständnis ab: Sie konnte einfach nicht widerstehen!
Na bitte – Fall gelöst!

***Was ist ein Verbrechen, was ein Vergehen?***

*Nach dem deutschen Strafgesetzbuch ist ein Verbrechen eine rechtswidrige Tat, die mindestens mit einer einjährigen Freiheitsstrafe belegt werden kann. Ein Vergehen ist eine rechtswidrige Tat, die mit einer geringeren Freiheitsstrafe oder einer Geldbuße geahndet werden muss. Mord oder das Drucken von Falschgeld sind demnach Verbrechen, falsches Parken oder das Drängeln auf der Autobahn sind ein Vergehen. Angeblich sind sich jedoch selbst Richter und Staatsanwälte nicht immer einig, welcher Tatbestand nun genau ein Verbrechen und welcher „nur" ein Vergehen darstellt.*
***Außerdem:*** *andere Zeiten, andere Länder – andere Sitten! So galt es im alten Ägypten als schweres Verbrechen, eine Katze zu töten – der Täter wurde mit dem Tode bestraft.*

*Einer kommt, zwei sieht man. Wer ist das?*

## Die W-Fragen

**Material:** –
**Alter:** ab 5 Jahren

Wer, wie, was? Wieso, weshalb, warum? – Diese Fragen kennen schon die Kleinsten. Und damit ist bereits ein wichtiger Schritt in der Detektiv-Ausbildung getan! Denn ein Detektiv sollte sich stets die folgenden Fragen stellen:

- *Wer* ist das Opfer?
- *Wer* hat die Tat begangen?
- *Wann*, zu *welcher* Zeit, an *welchem* Tag, wurde die Tat begangen?
- *Wo* ist das Verbrechen geschehen?
- *Was* ist geschehen? *Was* hat der Täter mitgenommen? *Welches* Verbrechen ist begangen worden? Gegen *welche* Gesetze hat der Täter verstoßen?
- *Wie* ist der Täter vorgegangen? Mit *welchen* Methoden oder Werkzeugen?
- *Warum* tat er das? Also *welches* Motiv hatte er?

Nicht alle Fragen lassen sich am Tatort beantworten. Vieles erschließt sich erst nach und nach, wenn z.B. die Zeugen befragt werden oder mehr über das Opfer bekannt wird.
In der Gruppe mit den Kindern über einen beispielhaften Fall sprechen; vielleicht kennen sie sogar einen Fall aus der Zeitung, den Nachrichten oder aus dem städtischen oder familiären Umfeld. Was müssen Polizei und Detektive in Erfahrung bringen? Bei diesen Gedankenspielen die Kinder auf die wichtigen Fragewörter, die mit „W“ beginnen, aufmerksam machen.

# Spuren sichern

*Wenn ein Verbrechen begangen wurde, ist die wichtigste Aufgabe, die Spuren zu sichern, bevor sie verschwinden oder unabsichtlich zerstört werden. Dabei muss der Detektiv sehr sorgfältig vorgehen. Er darf keine eigenen Spuren hinterlassen oder die vorhandenen verwischen, sonst wird er womöglich noch selbst mit dem Verbrechen in Verbindung gebracht! Also, Gummihandschuhe überstreifen und los geht's!*
**Wichtig:** Gegenstände, die Spuren sein könnten, nie mit den Fingern anfassen, sondern immer mit einer Pinzette hochheben oder mit einem sauberen Tuch aufnehmen. Beweismaterial in Briefumschlägen oder Plastiktütchen aufbewahren und diese mit Funddatum, Uhrzeit und Fundort beschriften.

## Fingerabdrücke nehmen

**Material:** 1 sauberes Glas, Handcreme, Ruß- oder Aluminiumpulver (aus der Apotheke), alternativ Talkum, Kakao, Mehl oder Grafit von einem Bleistift oder von Zeichenkohle, dicker Pinsel mit feinen Haaren, breites, klares Klebeband, weiße oder schwarze Pappe oder Papierbogen, Stift; evtl. 1 CD, 1 Schachtel
**Alter:** ab 5 Jahren

Ein Kind cremt sich die Hände leicht ein und nimmt das Glas einmal in die Hand und stellt es wieder hin. Schon mit bloßem Auge sind Fingerabdrücke darauf zu sehen. Sie stammen von dem Hautfett (unterstützt von der Handcreme), das immer an unseren Fingern haftet.

- Mit dem Pinsel ein wenig von einem der genannten Pülverchen (Ruß-, Aluminiumpulver, Talkum, Kakao, Mehl oder Grafit) auf die Fingerabdrücke auftragen: Bei hellem Untergrund verwendet der Detektiv dunkles Pulver (Ruß, Kakao oder Grafit), bei dunklem Untergrund ein helles (Talkum, Mehl, Aluminiumpulver). Dabei nur leicht drücken, sonst zerstört der Pinsel die Abdrücke!
- Überschüssiges Pulver wegpusten oder mit dem Pinsel wegwedeln. Jetzt sollte der Fingerabdruck mit allen Linien gut zu sehen sein.

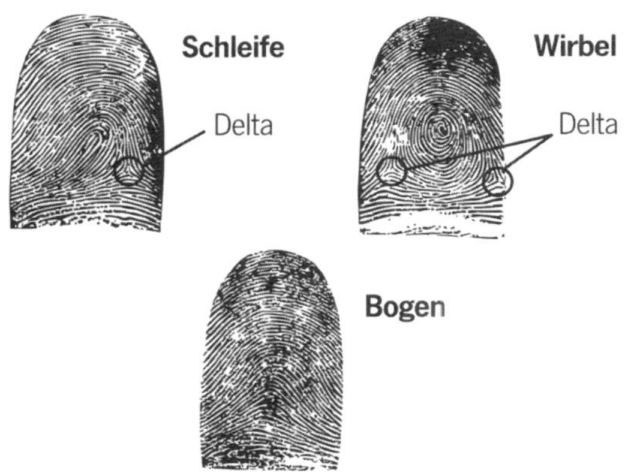

- Ein Stück Klebeband deckend auf den Abdruck drücken und wieder abziehen: Das Pulver bleibt am Klebstoff hängen. Wird ein helles Pulver benutzt, den Klebebandstreifen auf dunkles Papier kleben, wird ein dunkles Pulver benutzt, kommt der Klebestreifen auf helles Papier.
- Zuletzt das Papier mit Fundort, Datum und Uhrzeit beschriften.

### Tipp

Besonders gut sind die Abdrücke auf CDs zu sehen! Pulver, Pinsel, Klebeband und helles und dunkles Papier als **Fingerabdruck-Set** in eine Schachtel legen und zur Detektivausrüstung nehmen.

## Fingerabdruck-Kartei

*Je mehr Fingerabdrücke in einer Kartei gesammelt sind, desto größer ist die Wahrscheinlichkeit, den Täter anhand seiner Abdrücke überführen zu können.*

**Material:** Stempelkissen, DIN A5-Karten, Stift
**Alter:** ab 3 Jahren
**Vorbereitung:** Karteikarten vorbereiten (➔ Abb.)

Jede Person in der Einrichtung wird gebeten, ihre Fingerabdrücke abzugeben (das ist freiwillig und kann nicht vorgeschrieben werden!):

- Jeden Finger einmal auf das Stempelkissen und dann in eines der Felder auf der Karteikarte drücken. Den Finger dabei einmal von einer Seite auf die andere rollen, damit der Abdruck möglichst vollständig ist.
- Den Namen der Person, von der die Abdrücke stammen, auf dem Blatt vermerken.

### Vergleich

Schaut man die verschiedenen Abdrücke an und vergleicht sie, fällt Folgendes auf: Manche zeigen ähnliche Bögen, Häkchen und Schleifen. Aber nie sind zwei genau gleich! Es gibt keine zwei Menschen auf der Welt, die die gleichen Fingerabdrücke haben. Sogar bei eineiigen Zwillingen sind die Abdrücke unterschiedlich!

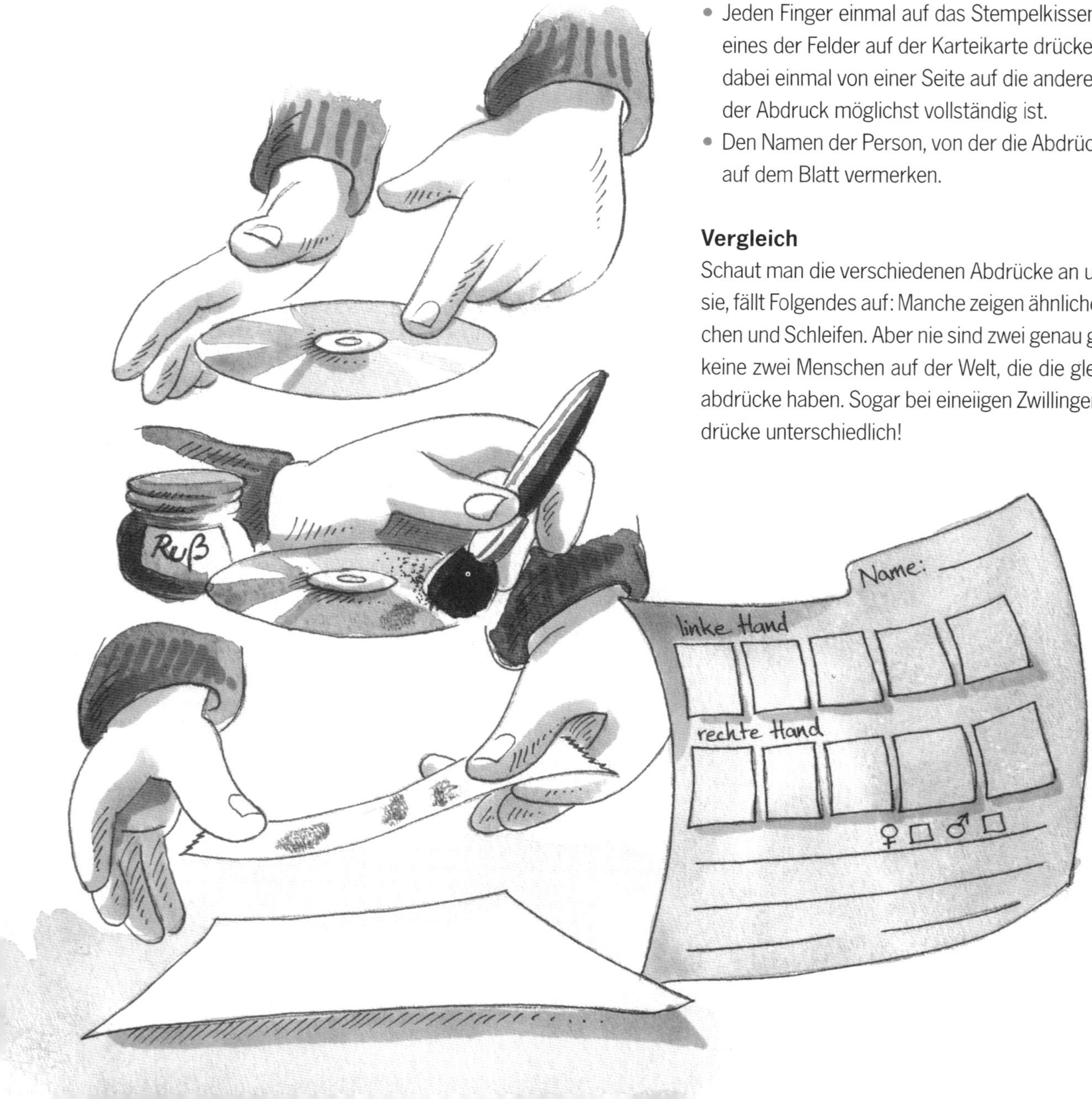

## Fall Nr. 3: Das verschüttete Wasser

**Material:** 1 Mineralwasserflasche, 1 Glas, 1 Tuch, Fingerabdruck-Set (➜ S. 27 f., „Fingerabdrücke nehmen“)
**Alter:** ab 5 Jahren

### Vorbereitung

Die Spielleitung bittet ein Kind, die Rolle des Täters zu übernehmen. Gemeinsam stellen sie Glas und Flasche auf einen Tisch und verschütten etwas Wasser auf der Tischoberfläche. Die Spielleitung wischt mit dem Tuch die Wasserflasche sauber ab, so dass keine Fingerabdrücke darauf zurückbleiben. Nun nimmt das Kind die Flasche noch einmal in die Hand.

### Durchführung

Die Spielleitung geht zur Detektei und bittet dort um Hilfe: Jemand hat Wasser verschüttet, als er oder sie sich etwas zu trinken genommen hat. Die Spielleitung wüsste gerne, wer das gewesen ist, damit sie dem Kind erklären kann, dass es das Wasser immer aufwischen soll, wenn so etwas passiert.
Die Detektive besichtigen den Tatort und nehmen Fingerabdrücke von der Flasche. Nun nur noch mit der Fingerabdruck-Kartei abgleichen und schon ist der Spielleitung geholfen!

### Tipp

Die Detektive können die Zahl der möglichen Täter vorher schon eingrenzen, indem sie Zeugen befragen.

*Was will jeder werden, aber nicht sein?*

## Spurenlesen

**Material:** Besen oder Rechen, evtl. schwerer Gegenstand
**Alter:** ab 3 Jahren
**Ort:** Sandkasten

### Vorbereitung

Mit den Kindern zum Sandkasten gehen. Dort probieren alle einmal aus, wie sich ihre Fußabdrücke im Sand verändern, wenn sie langsam vorwärts gehen, rennen, rückwärts gehen, springen oder etwas Schweres tragen (s. u.).
Damit jedes Kind eine glatte Sandfläche für seine Spuren vorfindet, den Sand zwischendurch immer wieder mit dem Besen oder dem Rechen ebnen.

### Durchführung

Drei bis fünf Kinder bleiben bei der Spielleitung, die anderen Kinder gehen gemeinsam hinter die nächste Ecke, damit sie den Sandkasten nicht mehr sehen können. Die ausgewählten drei bis fünf Kinder gehen parallel zueinander, also ohne dass sich ihre Spuren im Sand kreuzen, langsam vorwärts von einem Ende des Sandkastens zum anderen. Nur eines der Kinder rennt, springt, geht rückwärts oder trägt einen schweren Gegenstand während des Gehens. Am Ende ihrer Spuren bleiben die Kinder stehen (die Spielleitung nimmt dem einen Kind den schweren Gegenstand ab).
Nun kehren die anderen zum Sandkasten zurück und überlegen: Welches der Kinder ist nicht langsam und vorwärts gegangen?

### Variante

Die ausgewählten Kinder gehen, rennen usw. durch den Sandkasten, wie sie wollen. Die anderen lesen die Spuren und ordnen die verschiedenen Fortbewegungsarten den Kindern zu.

***Was Fußabdrücke verraten***
*Fußabdrücke bleiben in jedem weichen Untergrund zurück: am Strand, in weicher Gartenerde, im Sandkasten oder in feuchtem Beton. Fußabdrücke hinterlässt auch jeder, nachdem er durch eine Pfütze gelaufen ist – dann allerdings nur für wenige Schritte und nur so lange, bis die Sonne alles wieder getrocknet hat. Ist der Täter aber durch eine Farbpfütze gelaufen, sieht die Sache gleich ganz anders aus …*
*Dem kundigen Detektiv verraten Fußabdrücke eine Menge:*

- *Beim Gehen setzen die meisten Menschen die Fußspitzen etwas nach außen. Die Schritte, also die Abstände zwischen dem linken und dem rechten Fußabdruck, sind kurz.*
- *Beim Rennen werden die Schritte größer, bei Erwachsenen 1–2 m lang. Die Fußspitzen zeigen nun direkt nach vorne und der Abdruck ist an der Fußspitze tiefer als an der Ferse.*
- *Beim Springen graben sich die Fersen am tiefsten ein.*
- *Wenn jemand schwer trägt, macht er sehr kurze Schritte. Der Gang ist eher breitbeinig.*
- *Und wenn jemand rückwärts geht, um den Detektiven zu täuschen, verrät er sich doch durch sehr kurze Schritte. Die Abdrücke verschmieren häufig und beim Gehen wird von der Ferse Erde nach hinten geschleudert.*

*Welcher Hahn hat keinen Kamm?*

## Gipsabdruck nehmen

**Material:** Schuh, Fuß oder Fahrradreifen, Pinzette, länglicher Pappestreifen, Büroklammer, evtl. etwas Creme, Gips, leere Margarinepackung, Löffel oder Rührstab, kleine Stöckchen oder Drahtgeflecht
**Alter:** ab 5 Jahren

- Den Abdruck von einem Schuh, Fuß oder Fahrradreifen in feste, feuchte Erde drücken oder eine vorhandene Spur suchen.
- Steinchen oder Blätter, die in die Spur hineingefallen sind, mit einer Pinzette entfernen.
- Den Pappestreifen mit Hilfe der Büroklammer zum Ring schließen und um die Spur legen, um eine Begrenzung für den Gips zu haben. (Cremt oder fettet der Detektiv die Innenseite der Pappe leicht ein, lässt sich die Manschette später besser vom Gips lösen.)
- In der Margarinepackung Gips mit Wasser anrühren.
- Die Spur mit dem Gips dünn ausgießen.
- Drahtgeflecht oder gitterförmig angeordnete Stöckchen in den Gips legen; das verleiht der fertigen Form mehr Stabilität.
- Den Rest des Gipses anrühren und über die erste Gipsschicht gießen.
- Gut trocknen lassen; das dauert eine halbe Stunde.
- Gipsform vorsichtig aus der Spur heben.
- Anhaftende Erdkrümel oder andere Fremdkörper vorsichtig entfernen.
- Rückseite mit Fundort, Datum und Uhrzeit beschriften.

***Fahrradspuren lesen***
*Eine Fahrradspur verrät eine Menge: Das Hinterrad hinterlässt eine relativ gerade Spur, während das Vorderrad stärker nach links und rechts wackelt. Je schneller das Fahrrad gefahren ist, desto weniger schwingt das Vorderrad nach außen. Der spitzere Winkel dort, wo Vorder- und Hinterradspur einander kreuzen, zeigt nach vorne in Fahrtrichtung des Rades. Ob das stimmt? Durch eine Pfütze fahren und die hinterlassene Spur überprüfen!*

## Fußabdruck-Galerie

*Die Abdrücke von Füßen und Zehen sind übrigens genauso individuell wie Fingerabdrücke, nur eben viel seltener – welcher Täter geht schon barfuß?*

**Material:** (➜ S. 31, „Gipsabdruck nehmen"), Eimer, Wasser
**Alter:** ab 3 Jahren (mit Hilfe eines Erwachsenen)

Alle Kinder hinterlassen im Verlauf mehrerer Tage einmal ihren Fuß als Abdruck in Erde und nehmen davon einen Gipsabdruck.
Beschriften nicht vergessen!

***Sag mir deine Schuhgröße ...***
*... und ich sage dir, wie groß du bist! Stimmt nicht? Doch! Aus vielen, vielen Messungen haben Kriminologen berechnet, wie groß ein Mensch wahrscheinlich ist, der einen Abdruck bestimmter Größe hinterlässt. Einfach die Länge des Fußabdrucks messen und mit dem jeweiligen Faktor multiplizieren – so erhält man die Körpergröße in Millimetern.*

| **Fußlänge** | **Faktor** |
|---|---|
| *bis 219 mm* | *7,170* |
| *220–229 mm* | *6,840* |
| *230–239 mm* | *6,610* |
| *240–249 mm* | *6,505* |
| *250–259 mm* | *6,407* |
| *260–269 mm* | *6,328* |
| *270–279 mm* | *6,257* |
| *280–289 mm* | *6,120* |
| *über 290 mm* | *6,080* |

*Diese Formeln beziehen sich auf nackte Füße. Misst der Detektiv einen Schuhabdruck aus, muss er für einen breiten Schuh 16 mm von der Gesamtlänge abziehen, für einen spitz zulaufenden Schuh sogar 30 mm.*

*Was hängt an der Wand und gibt jedem die Hand?*

Sobald die Fußabdruck-Galerie vollständig ist, kann das Rate-Spiel stattfinden: Die Kinder teilen sich in zwei Gruppen. Die erste Gruppe wendet sich vom Geschehen ab.
Ein Kind aus der zweiten Gruppe taucht den Fuß in den Eimer mit Wasser und macht einige nasse Abdrücke, z.B. draußen auf der Terrasse.
Die Kinder der ersten Gruppe versuchen anhand der Gipsabdrücke, den feuchten Abdruck zu identifizieren. Aber schnell, bevor die Sonne alles wegtrocknet!
Gelingt die Identifizierung, tauschen die Gruppen ihre Rollen.
Gelingt die Identifizierung nicht, ist ein weiteres Kind aus der zweiten Gruppe an der Reihe, seinen Abdruck zu hinterlassen.

## Schuhabdruck-Rätsel

**Material:** je 1 Schuh von mehreren Kindern (auf verschiedene Profile achten!), sandiger oder matschiger Boden
**Alter:** ab 4 Jahren

Die Spielleitung bittet die Kinder wegzuschauen. Schaut keiner mehr zu, drückt sie einen Schuh in den Sand oder Matsch, so dass ein guter Abdruck entsteht. Die Schuhe auf den Boden stellen und eines der Kinder auffordern, mit detektivischem Spürsinn herauszufinden, von welchem Schuh der Abdruck stammt. Kann der Detektiv das Rätsel lösen, darf er einen neuen Abdruck machen, während die anderen wieder wegschauen, und den nächsten Detektiv auswählen.

## Fall Nr. 4: Wer hat genascht?

**Material:** Beutel aus Plastik oder Stoff, Filzstift, Bonbon-Papierchen, Schnur, Bonbons
**Alter:** ab 4 Jahren

### Vorbereitung

Auf einen Beutel mit dem Filzstift einen Bonbon malen und ihn mit einigen leeren Bonbon-Papierchen füllen. Mit einer Schnur verschließen und draußen an einem Busch oder Baum möglichst nah beim Sandkasten aufhängen oder auf den Boden legen.
Ein Kind oder einen Erwachsenen der Einrichtung bitten, ob die Spielleitung mit seinem – möglichst prägnant besohlten – Schuh eine Spur aus Abdrücken in den Sand drücken darf, die bis an den Beutel heranreicht. (→ S. 13, „Ein Wort zum Täter") Mit dem Eigentümer des Schuhs absprechen, dass er sich durch Gesten oder Mimik nicht verraten darf, solange die Detektive die Spur noch überprüfen, und ihm die Bonbons zur heimlichen Aufbewahrung geben.

### Durchführung

Die Spielleitung ruft die Kinder zusammen: „Stellt euch vor, ich hatte einen Beutel voll mit Bonbons geschenkt bekommen. Aber nun kann ich den Beutel nicht mehr finden. Wollt ihr mir suchen helfen?"
Die Spielleitung gibt den Kinder als Ermahnung noch mit auf den Weg, Spuren, die sie vielleicht finden und die auf den Täter hinweisen könnten, nicht zu zerstören. Dann sausen die Kinder los.

Sicher kommt bald der Ruf, dass der Beutel gefunden ist. Alle versammeln sich um den Sandkasten. Wer hat nur die Fußspuren hinterlassen? Hatte der Täter einen kleinen oder einen großen Fuß? War es ein Schuh mit Absätzen oder ohne? Welcher Schuh passt zu dem Abdruck?
Sicher finden die Detektive schnell heraus, welcher Schuh es ist! Nun darf sich der Eigentümer der Schuhe endlich offenbaren. Hat er etwa die ganzen Bonbons alleine gegessen? Nein, er hat sie noch in der Tasche, und sicher sind noch einige Bonbons für die fleißigen Detektive übrig!

### 1. Variante für ältere Kinder

Drei bis vier verschiedene Spuren im Sand verteilen, aber nur eine davon führt zum Beutel.

### 2. Variante für ältere Kinder

Die Spuren immer leicht überlappend in den Sand drücken: Welcher von den Räubern hat zuerst am Beutel genascht – dessen Spuren sind ganz zuunterst – und welcher Räuber ist zuletzt gekommen?

## Fall Nr. 5: Der verschwundene Pfefferminztee

**Material:** 1 Packung Pfefferminztee, 1 Fläschchen Pfefferminzöl (alternativ 1 Netz Apfelsinen und Orangenöl), Wattebausch
**Alter:** ab 3 Jahren

**Vorbereitung**
Eine Pfefferminztee-Packung von ihrem üblichen Ort wegnehmen und an einem anderen Ort verstecken, am besten in einem anderen Raum. Etwas Öl auf den Wattebausch träufeln, zwischen diesen beiden Orten an einigen markanten Stellen das Öl auf unempfindliche Einrichtungsgegenstände oder Türrahmen reiben und so eine Duftspur zum Versteck legen.

**Durchführung**
Die Spielleitung ruft die Mini-Detektive zusammen. Sie erklärt, dass sie gerade für alle einen leckeren Pfefferminztee kochen wollte, dass aber der Tee verschwunden sei. Hier war ein Dieb unterwegs! Wie könnten die Kinder ihm auf die Spur kommen? Im Gespräch die Idee entwickeln, dass die Detektive vielleicht ihrer Nase folgen könnten – wie Polizeihunde!
Die Spielleitung lässt die Kinder an einem Teebeutel oder an dem Öl riechen, damit sie wissen, welchen

Geruch sie suchen. Die Kinder sausen los und schnuppern an den Möbelstücken. Wer Pfefferminz riecht, ruft es den anderen zu, bis die Kinder sich zum Versteck durchgerochen haben.
Und zur Belohnung für den gelösten Fall gibt es natürlich endlich die versprochene Tasse Tee!

## Puzzleteile

**Material:** Papierbogen (halb so viele wie Kinder)
**Alter:** ab 4 Jahren
**Anzahl:** gerade Anzahl Kinder

Ein Kind ist Detektiv und verlässt den Raum. Die anderen Kinder bilden Paare und reißen jeweils einen Papierbogen entzwei. Jedes Kind behält ein Stück.
Ein Kind bleibt ohne Partner und ist der Täter. Es zerreißt alleine seinen Papierbogen und legt eine Hälfte auf den Boden, während es die andere Hälfte in der Hand behält.
Der Detektiv darf das Zimmer wieder betreten. Er nimmt das auf dem Boden liegende Papier und muss den Täter entlarven, indem er das Gegenstück sucht. Dazu lässt er sich von allen Kindern im Raum ihre Papierstücke zeigen. Erkennt der Detektiv das passende Stück Papier?

**Übrigens:** Unter dem Mikroskop lassen sich Stücke, z. B. Stoff, Geldscheine oder Holzsplitter, genau zusammenfügen. Solche Spuren, die eine am Tatort gefunden und die andere beim Täter, sind daher für einen Detektiv oder die Polizei besonders wichtig, um den Täter überführen zu können.

*Welche Uhr zeigt nur die heiteren Stunden?*

## Fall Nr. 6: Das Geheimnis der traurigen Puppe

**Material:** Filterpapier, schwarze wasserlösliche Filzstifte von verschiedenen Herstellern, Puppen, 1 besonderes Puppenkleidungsstück, Glas, Wasser
**Alter:** ab 4 Jahren

### Vorbereitung

Die Spielleitung malt mit einem schwarzen Filzstift auf Filterpapier ein besonderes, leicht wiederzuerkennendes Kleidungsstück der Puppensachen. Sie setzt alle Puppen nebeneinander ins Regal oder auf das Sofa und drückt jeder Puppe einen der schwarzen Filzstifte in die Hand. Das bemalte Filterpapier legt sie davor auf den Boden.

### Durchführung

Die Spielleitung ruft die Detektive zusammen. Sie zeigt ihnen den „Brief": Was hat das zu bedeuten? Möchte eine der Puppen dringend ein modischeres Outfit? Aber welche? Anscheinend hat der Wind den Brief, mit dem die Puppe um neue Kleidung bitten wollte, auf den Boden geweht.
Die Spielleitung hat eine Idee, wie die Detektive vorgehen könnten. Dazu malen die Detektive mit jedem Filzstift einen dicken waagerechten Strich auf das Filterpapier, etwa 3 cm vom unteren Rand entfernt. Die Detektive müssen sich gut merken, von welcher Puppe welcher Strich stammt!
Nun sowohl das Filterpapier mit den Filzstiftstrichen als auch ein Stück des Briefes in ein Glas mit etwa 2 cm Wasser stellen. Das Wasser zieht sich im Filterpapier hoch und nimmt die Filzstiftfarbe mit. Dabei trennt sich die Farbe in ihre Bestandteile auf, so dass die Kinder erkennen können, dass jeder schwarze Strich aus einer anderen Farbmischung zusammengesetzt ist. Mit etwas Glück sollte sich nun durch den Vergleich mit dem Brieffragment die unglückliche Puppe ermitteln lassen! Jetzt kann ihr geholfen werden: Die Detektive suchen das gewünschte Kleidungsstück und ziehen es der Puppe an.

*Welche Schuhe brauchen keine Sohlen?*

## Fall Nr. 7: Die geheimnisvolle Zimmerrallye

**Material:** Papier, Stift, Umschlag, Gegenstände aus verschiedenen Aktionsräumen, Tüte mit kleinen Süßigkeiten oder Murmeln oder schönen Knöpfen oder …
**Alter:** ab 5 Jahren

### Vorbereitung

Die Spielleitung bereitet die Zimmerrallye am besten einen Tag vorher in den aufgeräumten Räumen vor: Dazu legt sie die Tüte mit Süßigkeiten als „Schatz“ an einen bestimmten Platz, nimmt einen für diesen Ort typischen Gegenstand weg und legt ihn an eine andere Stelle. Von dieser Stelle nimmt sie wiederum einen typischen Gegenstand weg und legt ihn woanders hin. Das Ganze leitet sie mit einem geheimnisvollen Umschlag ein.
**Ein Beispiel:** Die Spielleitung malt auf ein Blatt eine Lokomotive und steckt das Bild in einen Umschlag, den sie an einer beliebigen Stelle ziemlich offen „versteckt“. Zwischen die Eisenbahnschienen legt sie einen Löffel aus der Küche, in die Besteckschublade eine Puppe aus der Puppenstube, in die Puppenstube einen Locher aus dem Büro, auf den Schreibtisch im Büro ein Kissen vom Bettenberg, im Bettenberg verbirgt sie den „Schatz“.
Das Spiel sollte beginnen, bevor die Kinder beim Spiel die gelegten Spuren durcheinander bringen.

### Durchführung

Die Spielleitung – oder noch besser: eines der Kinder – findet den Umschlag. Natürlich schauen einige Kinder gemeinsam mit der Spielleitung hinein, was wohl darin ist. Hmm – ein Bild von einer Lokomotive? Warum wohl? Schnell bei der Eisenbahn nachschauen, ob da etwas anders ist als sonst (schließlich passieren seit einiger Zeit häufiger seltsame Dinge in der Einrichtung …).
Bei der Eisenbahn finden die Kinder den Löffel. Wo kommt der denn her? Sollte der nicht in der Besteckschublade sein?
Auf diese Weise folgen die Kinder den gelegten Spuren durch alle Räume bis zum „Schatz“: dem Beutel mit den schönen Kleinigkeiten darin. Davon darf nun jedes Kind eines haben!

# Fall Nr. 8: Die gestohlenen Perlen

**Material:** viele Bügelperlen, alter Einkaufsbeutel aus Baumwolle mit Loch
**Alter:** ab 3 Jahren

**Vorbereitung**
Die Spielleitung legt unbeobachtet (z. B. schon am Tag vorher) mit den Perlen eine Spur vom Regal, wo die Perlen normalerweise aufbewahrt werden, hinaus ins Freigelände und dort mit vielen Umwegen an eine abgelegene Stelle am Zaun. Dort legt sie den mit den restlichen Perlen gefüllten Stoffbeutel hin. Die Spielleitung achtet darauf, dass das Detektivspiel beginnt, bevor die Kinder ahnungslos die gelegte Spur zerstören.

**Durchführung**
Die Spielleitung beschließt „spontan", ein Bild aus Bügelperlen zu legen. Aber, nanu? Die Perlen sind ja weg? War das etwa ein Dieb? Sie fragt die Kinder, ob sie etwas bemerkt haben. Na klar – da liegen ja Perlen auf dem Boden! Die bilden eine richtige Spur. Mal sehen, wo die hinführt!
Die Kinder laufen die Spur ab und sammeln dabei die Perlen ein. Am Zaun angekommen, scheint der Fall klar: Ein Dieb wollte die Perlen klauen, aber dann ist er gestört worden. In der Eile hat er die Perlen im Sack wohl am Zaun liegen lassen! Gut, dass der Beutel ein Loch hatte …

*Je mehr es bekommt,
desto hungriger wird es;
hat es alles gefressen,
so stirbt es.*

# Zeugen gesucht!

Klirrrr!!! Eine Schaufensterscheibe zerspringt, ein Mann läuft schnell weg, der Juwelier kommt schreiend aus seinem Geschäft und brüllt: „Haltet den Dieb!“ Die Passanten bleiben stehen, ein beherzter junger Mann sprintet hinter dem Dieb her, muss aber nach wenigen Metern einsehen, dass er ihn nicht mehr einholen kann. Währenddessen bittet der Juwelier die Umstehenden, auf die Polizei zu warten und ihre Zeugenaussage zu Protokoll zu geben. Vielleicht können sie wichtige Hinweise geben, aufgrund derer der Täter dingfest gemacht werden kann?

Gut, wenn es Zeugen gibt! Oder doch nicht? Zeugen können dem Detektiv und der Polizei wertvolle Hinweise liefern, die für die Lösung des Falles von unschätzbarem Wert sind. Sie können aber auch in die Irre leiten, denn oft sehen wir nur das, was wir zu sehen glauben, und nicht das, was wirklich da ist!

Die alte Dame mit dem Dackel gibt an, dass der Mann irgendwie fremdländisch aussah. Die Schaufensterdekorateurin im Geschäft gegenüber schwört, dass der Mann riesengroß und außerdem blond unter seiner Mütze war. Der beherzte Student glaubt, dass der Dieb kleiner als er selbst war, also höchstens 1,75 m! Und blonde Haare hat er auch nicht gesehen. Dafür weiß ein Kind, das gerade aus der Schule kommt und schwer an seinem Tornister schleppt, dass der Mann Jeans und Turnschuhe anhatte. Darauf hat sonst niemand geachtet. Sicher sind sich alle zusammen nur, dass der Dieb männlich war!

Drei Tage später fasst die Polizei den Dieb, als dieser versucht, den erbeuteten Schmuck an einen Hehler zu verkaufen. Er ist 1,80 m groß, hat hellbraunes Haar und trägt eine Brille. Aber die Jeans und die Turnschuhe, die hatte er wirklich an!

## Was hast du gesehen?

**Material:** detailreiches Bild aus einem Bilderbuch
**Alter:** ab 3 Jahren

Die Spielleitung betrachtet mit einer Handvoll Kinder das Bild. Je nach Alter der Kinder sollte die Spielleitung ihnen 30 Sekunden oder mehrere Minuten Zeit dazu geben und bei jüngeren Kindern evtl. zusätzlich das Bild beschreiben, um den Kindern die nötigen Worte zum Beschreiben an die Hand zu geben.
Die Spielleitung schließt das Buch und stellt den Kindern Fragen zum Bild:

- Wie viele Leute fahren auf dem Bild Fahrrad?
- Welche Farbe hat der Ball, mit dem das Mädchen am Garagentor spielt?
- Ist auf dem Bild ein Hund zu sehen?
- Geht er an der Leine oder läuft er frei?

Gibt es unter den Kindern eines, das alle Fragen richtig beantwortet? Dann ist dieses Kind sicher der „Superzeuge“! Und die anderen spielen noch einmal, um ihre Beobachtungsgabe zu trainieren!

*Wer mich beißt,*
*den beiß ich wieder,*
*mach ihm nass die Augenlider.*

## Fragen zum Bild

**Material:** ein Stapel Bilder mit den unterschiedlichsten detailreichen Motiven (z. B. von berühmten Kunstwerken, Gebäuden oder Tieren), Papier und Stift
**Alter:** ab 3 Jahren
**Anzahl:** maximal 5 Kinder

Die Spielleitung mischt die Bilder und stapelt sie verdeckt in der Mitte eines Tisches auf. Die MitspielerInnen setzen sich um den Tisch herum. Für jeden zeichnet die Spielleitung eine Linie von 5–10 Kreisen auf das Papier und schreibt den Namen darunter.
Ein Kind beginnt und schaut sich das oberste Bild vom Stapel eine Zeitlang an. Wenn es das Gefühl hat, dass es sich alles Wissenswerte des Bildes gemerkt hat, gibt es das Bild an die Spielleitung weiter. Die Spielleitung stellt nun eine Frage zum Bild, z. B. bei einer Kirche „Was ist ganz oben auf dem Turm?“, bei einem Tierbild „Welches Obst frisst der Affe gerade?“ oder bei der „Mona Lisa“: „Trägt die Frau auf dem Bild eine Kette?“.
Kann das Kind die Frage beantworten, macht die Spielleitung ein Kreuz in den ersten Kreis seiner Reihe. Nun ist das nächste Kind an der Reihe. Am Schluss wird gezählt, wer wie viele Kreuzchen bekommen hat.

## Fall Nr. 9: Das rätselhafte Schuh-Durcheinander

**Material:** –
**Alter:** ab 3 Jahren

### Vorbereitung

Die Erwachsenen einer Einrichtung setzen sich kurz zusammen und bereiten die Geschichte vor, die sie den Kindern erzählen wollen: Eben hat jemand sämtliche Schuhe in der Garderobe durcheinandergebracht. Die Erwachsenen haben schon alles wieder aufgeräumt, aber sie wüssten doch gerne, wer es gewesen ist. Tatsächlich – so behaupten die Erwachsenen – haben sie alle einen kurzen Blick auf den Täter erhaschen können. Jeder hat sich dabei eine Kleinigkeit gemerkt.
Die Erwachsenen fragen eines der Kinder, ob es als Täter mitspielen möchte, und sprechen ab, wer sich was bei der Täterbeschreibung gemerkt hat: Einer wird bei der Zeugenvernehmung aussagen, dass der Täter z.B. kurze Haare hatte, ein anderer, dass er einen Blick auf eine Leggins erhaschen konnte, und ein Dritter, dass der Täter ein Mädchen war. Insgesamt sollten alle Hinweise reichen, um das spezielle Kind von allen anderen unterscheiden zu können.

### Durchführung

Die Spielleitung fragt bis zu drei Kinder, ob sie Detektive sein möchten, und erzählt vom Schuh-Durcheinander und den Zeugen, die alle etwas beobachtet haben.
Die Detektive suchen nacheinander die Zeugen auf und befragen sie: „Was genau haben Sie gesehen?" Jeder Zeuge antwortet entsprechend der vorherigen Absprache. Die Detektive überlegen gemeinsam, auf welchen Täter die Zeugenaussagen hinweisen. Nachdem sie sich auf ein Kind geeinigt haben, teilen sie ihren Verdacht der Spielleitung mit und sprechen dieses Kind (das sich bis dahin natürlich ganz unauffällig verhalten hat) auf die Tat an. Gelingt es ihnen, den Täter zu entlarven?

***Ich habe ein Alibi!***

*Ein Alibi ist der Beweis, dass ein Beschuldigter zur Tatzeit eines Verbrechens an einem anderen Ort war. Möglicherweise gibt es Zeugen, die ihn in einer anderen Stadt oder einem Restaurant gesehen haben. Oder er kann mit Hilfe einer Quittung belegen, dass er zur Tatzeit mit seiner Kreditkarte Benzin an einer Tankstelle bezahlt hat. Dann hat er Glück gehabt. Vielleicht hat er aber auch nur Komplizen, die ihm ein falsches Alibi bescheinigen? Deshalb überprüft ein guter Detektiv alle Alibis!*

*Das Wort „Alibi" kommt übrigens aus dem Lateinischen und bedeutet „anderswo", „bei anderen Leuten".*

## Der Detektiv ist zur Stelle

**Material:** sehr dunkles Zimmer, CD-Player und Tanzmusik, kleine Zettel, Stift
**Alter:** ab 5 Jahren

### Vorbereitung

Die Spielleitung malt auf einen Zettel ein Kreuz, auf einen anderen einen Kreis und faltet diese und genügend andere leere Zettel für alle Kinder zusammen.

### Durchführung

Jedes Kind zieht einen Zettel und öffnet ihn heimlich.
Das Kind, welches das Kreuz gezogen hat, ist der „Mörder" – psst, nicht verraten!
Das Kind, das den Kreis gezogen hat, ist der Detektiv.
Nun den Raum verdunkeln und die Musik anstellen.
Alle Kinder tanzen im Dunkeln zur Musik.
Plötzlich ertönt ein gellender Schrei – der Mörder hat eines der Kinder heimlich an der Schulter gefasst – sein Opfer sinkt zu Boden und liegt tot da! Das Licht geht an, alle versammeln sich um die Leiche, der Detektiv gibt sich zu erkennen.
Er befragt reihum jeden der Tänzer: „Wo warst du zum Zeitpunkt des Mordes?"
Jedes Kind lässt sich darauf eine originelle Antwort einfallen: „Ich war beim Bäcker." – „Ich war Schwimmen mit der besten Freundin meiner Mutter." – „Ich habe gerade mit Sabine telefoniert."
Der Detektiv merkt sich jede Antwort, kommt aber noch nicht weiter. Er fragt noch einmal jedes Kind. Alle Kinder antworten wie beim ersten Mal, nur der Mörder „vertut" sich und antwortet anders, z. B. : „Ich war beim Bäcker." – „Ich war schwimmen mit der besten Freundin meiner Oma." – „Ich habe gerade mit Sabine telefoniert."
Kann der Detektiv den Mördern entlarven, indem er ihn bei der Lüge ertappt?
Vielleicht ist aber der Detektiv dem Meuchelmörder zum Opfer gefallen. In diesem Fall dürfen alle Kinder mitraten, wer der Mörder ist.

*Es hat vier Beine*
*und kann nicht gehen,*
*muss immer auf*
*allen Vieren stehen.*

## Phantombild-Kartei anlegen

**Material:** 1 Fotoapparat (evtl. Digitalkamera), große Schere, Cutter oder Schneidemaschine, Locher, Ordner mit mindestens 4 Ringen
**Alter:** ab 3 Jahren (mit Hilfe eines Erwachsenen)

### Vorbereitung

Mit dem Fotoapparat von dem Gesicht jedes Kindes eine Großaufnahme machen. Die Gesichter sollten immer den gleichen Ausschnitt des Bildes ausfüllen und vor demselben neutralen Hintergrund aufgenommen sein. Nachdem die Fotos möglichst im DIN A4-Format entwickelt oder ausgedruckt sind, alle lochen, so dass sie in den Ordner passen. Mit der Schere in Streifen zerschneiden, so dass an jedem Ring des Ordners jeweils ein Streifen des gleichen Fotos hängt. Idealerweise sollten nun die oberen Streifen alle Haar und Haaransatz zeigen, die darunter die Augenpartie, die wiederum darunter die Nase und die untersten Streifen den Mund und das Kinn.
Aus den verschiedenen Streifen nach Lust und Laune die unterschiedlichsten und komischsten Gesichter zusammenstellen!

### Tipp

Eine Digitalkamera bietet sich an, um die Kosten gering zu halten. Eventuell von Eltern ausleihen und auch Eltern bitten, die Bilder in DIN A4-Größe in Schwarzweiß auf normalem Papier auszudrucken.

### Variante

Wer auf Fotos verzichten möchte, gibt jedem Kind der Einrichtung ein Blatt Papier mit darauf vorgezeichnetem Gesichtsumriss (damit alle in der gleichen Größe malen!). Die Kinder malen sich darauf als Selbstportrait. Danach die Bilder genauso abheften und zerschneiden wie bei den Fotos angegeben.

## Findet die Person!

**Material:** möglichst große Bilder von Menschen aus Illustrierten oder Bilderbüchern, 1 Murmel oder 1 kleiner Stein pro Kind
**Alter:** ab 3 Jahren

Die Kinder setzen sich in einen Stuhlkreis. Die Spielleitung legt je nach Alter der Kinder drei oder mehr Bilder von Einzelpersonen auf den Boden in die Mitte. Sie sucht sich eine der Personen aus (ohne den Kindern einen Hinweis zu geben, welche Person das ist) und beschreibt sie, z.B.: „Die Person, die ich meine, sieht groß aus. Sie ist dick und trägt einen Anzug. Die Haare sind kurz geschnitten und oben auf dem Kopf sind gar keine Haare mehr …"
Sobald eines der Kinder zu wissen glaubt, welche Person die Spielleitung beschreibt, zeigt es auf, darf aber seine Antwort nicht laut herausrufen. Wenn alle Finger oben sind, beendet die Spielleitung ihre Beschreibung und fordert die Kinder auf, ihre Murmeln auf das Bild zu legen, auf dem ihrer Meinung nach die beschriebene Person zu sehen ist. Haben die Kinder alle Hinweise richtig zugeordnet?

## Körperteile benennen

**Material:** pro Kind 1 vergrößerte Kopie der Gesichts- bzw. Körperteile, Schere, Papier, Klebstoff
**Alter:** ab 3 Jahren (mit Hilfe beim Schneiden)

Mit einer kleinen Gruppe Kinder um einen Tisch versammeln und die Kopien austeilen. Jeweils eines der Gesichts- und Körperteile für die Kinder benennen und sie auffordern, eines davon auszuschneiden und aufzukleben. Dabei ständig mit den Kindern im Gespräch bleiben, damit sich die Begriffe einprägen! Fortfahren, bis alle Kinder aus den Einzelteilen einen ganzen Körper oder ein vollständiges Gesicht aufgeklebt haben. Die entstandenen Bilder gegenseitig zeigen und aufhängen.

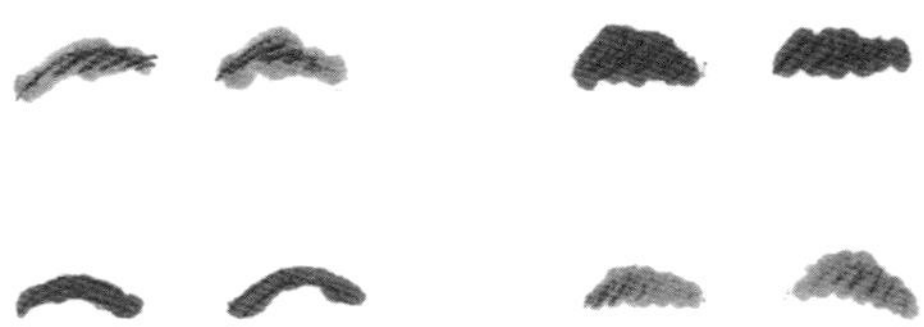

## Foto-Rätsel

**Material:** Ganzkörper-Fotos naher Verwandter der Kinder, die die anderen nicht kennen
**Alter:** ab 4 Jahren

Die Kinder bilden einen Stuhlkreis. Die Spielleitung legt die vorher eingesammelten Fotos in der Mitte des Kreises aus.
Ein Kind beginnt, seinen Verwandten zu beschreiben, während die anderen Kinder versuchen, das zur Beschreibung passende Bild zu finden. Sobald eines der Kinder eine Vermutung hat, zeigt es auf und darf sagen, welches Bild es meint. Stimmt die Antwort, ist dieses Kind als nächstes an der Reihe bzw. darf den nächsten bestimmen, wenn es selbst schon an der Reihe war. Stimmt die Antwort nicht, wird das Bild, das fälschlich genannt wurde, für diese Runde umgedreht und das Raten geht weiter.

### Tipp

Die Eltern der Kinder bitten, die Fotos auf der Rückseite zu beschriften, um die Bilder sicher zuordnen zu können!

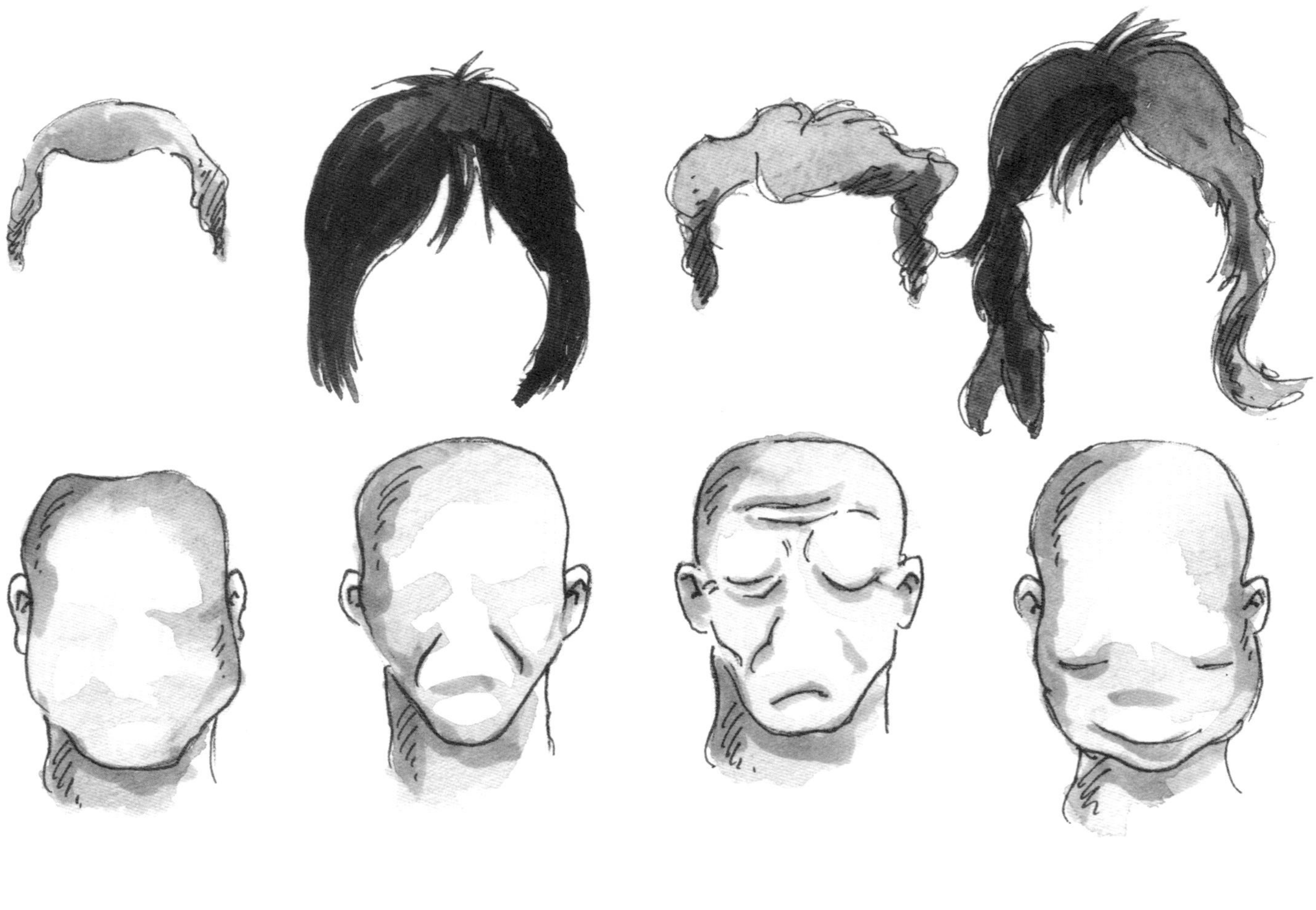

## Wen meine ich?

**Material:** Phantombild-Kartei (➔ S. 43)
**Alter:** ab 4 Jahren

Ein Kind – der „Zeuge" – stellt sich eines der anderen Kinder aus der Einrichtung vor. Es wird von einem „Detektiv" befragt, der vor sich die Phantombild-Kartei liegen hat. Der Detektiv stellt dem Zeugen Fragen zum Aussehen des gesuchten Kindes, z. B.:

- „Hat es helle Haare?"
- „Hat es Sommersprossen?"
- „Ist der Mund groß oder klein?"
- „Trägt es eine Brille?"

Der Zeuge beantwortet die Fragen und gibt Auskunft.
Der Detektiv sucht nach diesen Angaben ein Phantombild aus den verschiedenen Streifen heraus.
Wenn der Detektiv glaubt, das richtige Bild zusammengestellt zu haben, zeigt er es dem Zeugen. Na, gut kombiniert?

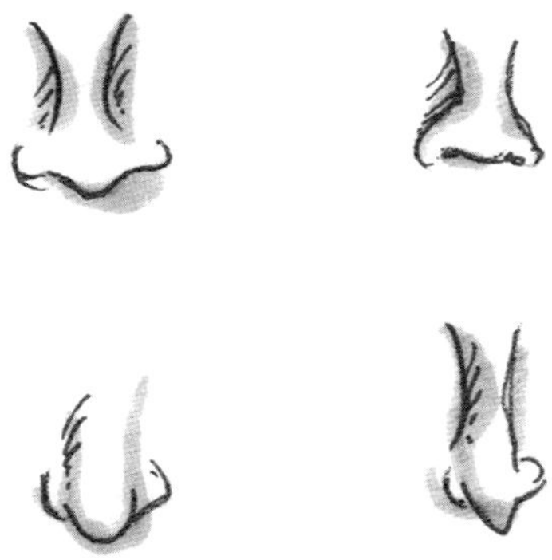

## Nein, dir sage ich nichts!

**Material:** –
**Alter:** ab 5 Jahren

Die Kinder bilden einen Sitzkreis.
Die Spielleitung sucht drei bis fünf Kinder als Zeugen. Sie spricht heimlich mit den Zeugen ab, dass sie den Detektiven nur freundlich antworten, wenn diese ein besonderes äußeres Merkmal haben, z.B. lange Haare oder eine Jeans als Hose.
Etwa fünf andere Kinder spielen die Detektive. Sie treten einzeln vor jeden Zeugen und fragen ihn: „Kannst du mir eine Auskunft geben?"
Je nach vorheriger Absprache antworten die Zeugen: „Ja, gerne!" oder aber „Nein, dir sage ich nichts!"
Hat jeder Detektiv jeden Zeugen befragt, überlegen die Detektive – gerne auch mit Hilfe der übrigen Kinder –, woran es liegt, dass manche Detektive eine Antwort bekommen haben und andere nicht. Was haben die Detektive gemeinsam, bei denen die Zeugen auskunftsbereit waren?
Die Detektive haben drei Versuche, um die richtige Gemeinsamkeit zu nennen!

***Die gelungene Zeugenbefragung***
*Mit den Zeugen ist das so eine Sache. Manch einer hat starke Antipathien gegen Kaugummis und wird einem kaugummikauenden, schmatzenden Detektiven schon deshalb keine Auskunft geben. Eine ältere Dame fasst sofort eine große Vorliebe für den jungen Detektiven, weil der – genau wie sie selbst – ein großer Katzenliebhaber ist (was der Detektiv natürlich sofort erzählt hat, nachdem er die beiden dicken Kater in der Wohnung der Frau gesehen hat). Oder ein anderer Zeuge ist so begeistert von dem ordentlich gekämmten und sauber gekleideten Nachwuchsdetektiv, dass er gerne alles erzählt, was ihm aufgefallen ist, und noch ein bisschen mehr!*
*Angemessene Kleidung, höfliches Betragen und auch die Fähigkeit, andere Menschen und ihre Vorlieben einzuschätzen und ihr Vertrauen zu gewinnen, gehören also dazu, wenn der Detektiv seine Fragen stellt. Der Detektiv muss sich auf den Zeugen einstellen, um ihm so viele wichtige Informationen wie möglich zu entlocken. Zeugen sind auch nur Menschen, und es wird sich nach ihren Sympathien und Antipathien richten, wie viel sie bereitwillig erzählen.*

*Es geht durch Stadt und Land*
*und bleibt doch immer an derselben Stelle.*

# Treffende Beschreibung

**Geschlecht:** männlich, weiblich

**Alter:** Kind, Jugendlicher, Erwachsener, Greis, alt, jung, mittleren Alters, …

**Figur:** groß, klein, stark, dick, untersetzt, stämmig, zierlich, dünn, schlaksig, schlank, hager, muskulös, sportlich, spindeldürr, rundlich, …

**Gesicht:** schön, hübsch, zart, niedlich, länglich, breit, rund, voll, hässlich, markant, faltig, runzelig, glatt, oval, länglich, herzförmig, birnenförmig, kantig, …

**Gesichtsfarbe:** rot, blass, (un-)geschminkt, mit roten Wangen, frisch, bleich, mit Ringen unter den Augen, braun gebrannt, sommersprossig, picklig, pockennarbig, …

**Ausdruck:** strahlend, lächelnd, belustigt, wütend, grimmig, besorgt, lachend, freundlich, missmutig, verlegen, ängstlich, geheimnisvoll, betrübt, verdrießlich, ernst, böse, beleidigt, sauer, traurig, erwartungsvoll, verschlossen, heiter, genervt, …

**Nase:** groß, dick, knollig, lang, spitz, gebogen, breit, stumpf, schmal, gerade, höckrig, scharf, rot, fleischig, Stupsnase, Hakennase, gebrochen, schief, …

**Augen:** groß, mandelförmig, vorstehend, tief liegend, verweint, rot, blutunterlaufen, verquollen, feucht, blau, rehbraun, dunkel, blank, blitzend, glasig, stechend, schön, lustig, offen, sanft, gutmütig, listig, träumerisch, voll Trauer oder Schwermut, glänzend, leuchtend, grün, grau, klein, …

**Augenbrauen:** stark, dünn, buschig, gezupft, zusammengewachsen, gerade, nachgezogen, …

**Kinn:** rund, breit, vorstehend, spitz, kantig, glatt, bärtig, energisch, fliehend, Doppelkinn, …

**Haare und Frisur:** blond, braun, rot, schwarz, dunkel, hell, glänzend, stumpf, kurz, lang, dicht, schütter, spärlich, voll, glatt, kraus, lockig, strähnig, fettig, wellig, trocken, grau, weiß, Geheimratsecken, geflochten, Zopf, gefärbt, frisiert, gekämmt, (Halb-)Glatze, streng, modern, kunstvoll, …

**Bart:** lang, schwarz, dicht, dünn, struppig, wallend, kratzig, Schnurrbart, Schnauzer, Kinnbart, Dreitagebart, Oberlippenbärtchen, Vollbart, Koteletten, Backenbart, …

**Mund:** groß, schön, weich, voll, schief, breit, zahnlos, blass, bleich, rot, geschminkt, lächelnd, lachend, offen, geschlossen, hart, spöttisch, bitter, Kussmund, mit schmalen oder wulstigen Lippen, …

**Ohren:** klein, groß, lang, abstehend, anliegend, rot, Segelohren, mit angewachsenen Ohrläppchen, mit Ohrsteckern oder -ringen, …

**Zähne:** gut, tadellos, fest, gesund, schön, weiß, regelmäßig, gepflegt, sauber, scharf, spitz, vorstehend, schiefstehend, schlecht, faul, verfärbt, gelb, braun, mit Zahnlücke, mit Klammer, …

**Hals:** dick, faltig, gedrungen, glatt, kurz, mager, sehnig, schlank, weiß, ungewaschen, …

**Schultern:** schmal, breit, rund, eckig, schwach, zart, kräftig, abfallend, schief, gerade, …

**Arme:** kräftig, stark, dick, rund, fleischig, behaart, sehnig, muskulös, schwach, dürr, lang, ausgebreitet, verschränkt, geöffnet, gekreuzt, in die Hüften gestemmt, …

**Hände:** groß, breit, zart, klein, derb, fein, fest, knöchern, schlaff, weich, fleischig, kalt, heiß, warm, feucht, schweißig, beringt, gepflegt, manikürt, mit Nagellack, hart, schwielig, schmutzig, ungewaschen, mit Dreck unter den Nägeln, gefaltet, händeringend, ausgestreckt, …

**Beine:** gerade, lang, schlank, krumm, schön, kräftig, dick, geschwollen, gespreizt, angewinkelt, übereinander geschlagen, ausgestreckt, gebrochen, O- oder X-beinig, …

**Füße:** schmal, schlank, zierlich, breit, plump, geschwollen, verstaucht, kalt, mit Blasen, Plattfuß, …

**Gang:** aufrecht, gebückt, schnell, langsam, jugendlich, beschwingt, schwer, schleppend, beschleunigt, rennend, hüpfend, …

**Stimme und Sprache:** leise, laut, deutlich, langsam, schnell, hoch, tief, heiser, fließend, stockend, stammelnd, zitternd, durch die Nase, mit Akzent, mit Dialekt, gewandt, überlegt, einfach, schlicht, unbedacht, vorlaut, gewählt, geziert, natürlich, gepflegt, in ernstem Ton, …

**Kleidung:** alt, abgetragen, modern, bunt, ausgeschnitten, schulterfrei, ärmellos, (hoch-)geschlossen, kurz, lang, enganliegend, zweiteilig, leicht, sommerlich, dünn, seiden, warm, festlich, sportlich, zweckmäßig, …

**besondere Kennzeichen:** Tätowierung, Piercing, Narbe, körperliches Gebrechen, …

*Wer hat einen Kamm und kämmt sich nicht?*

## Fall Nr. 10: Wahrheit in Stückchen

**Material:** –
**Alter:** ab 5 Jahren

**Vorbereitung**

Ein Teil der Erwachsenen der Einrichtung denkt sich gemeinsam einen kniffligen Fall aus, z. B. dass ein Kuchen aus der Küche verschwunden ist. Die Erwachsenen als „Zeugen" sprechen untereinander ab, was ihnen aufgefallen sein könnte:

- Zeuge A z. B. hat den Kuchen gebacken, ihn um 9 Uhr aus dem Ofen geholt und zum Abkühlen auf die Küchentheke gestellt. Es war übrigens ein Schokokuchen und mehrere Kinder waren schon beim Backen in der Küche gewesen, um Teig zu lecken! Als Zeuge A um 10 Uhr in die Küche zurückkam, war der Kuchen weg. Auf dem Weg zur Küche kam ihm der Schornsteinfeger entgegen, der ganz dreckig im Gesicht (vor allem um den Mund herum!) war.
- Als Zeuge B um halb zehn mit dem Schornsteinfeger in die Küche ging, war der Kuchen noch da. Der Schornsteinfeger, der gerade in der Einrichtung war, um die Heizung zu überprüfen, hatte um ein Glas Wasser gebeten und bei dieser Gelegenheit erzählt, dass er Schokokuchen am liebsten esse.
- Zeuge C hat zwischen halb zehn und zehn Uhr eine Gruppe von Kindern gesehen, die so aussahen, als ob sie ein Geheimnis miteinander teilen würden. Vielleicht hatten sie sogar etwas ausgefressen? Kurz vor zehn Uhr sah Zeuge C den Schornsteinfeger aus dem Bad kommen, er war ganz sauber im Gesicht.

Die Zeugen erhalten den Auftrag, jedem Detektiv, der sie befragt, nur einen Teil ihrer Geschichte zu erzählen, so dass die Kinder den Fall nur lösen können, wenn jeder jeden Zeugen befragt hat und die Detektive danach alle Informationen zusammenfügen.

*Jedem zeigt er ein anderes Gesicht, doch selber hat er keins.*

**Durchführung**

Die Spielleitung sucht so viele Detektive zusammen, wie Zeugen beim Spiel mitmachen. Jeder Detektiv sucht nacheinander jeden Zeugen auf und lässt sich von ihm erzählen, was er beobachtet hat. Danach treffen sich die Detektive mit der Spielleitung in einer ruhigen Ecke, um den Fall gemeinsam zu lösen. Dabei unterstützt die Spielleitung die Detektive, indem sie nacheinander jedes Kind befragt, was welcher Zeuge erzählt hat.

Und wer war's? Na klar: der Schornsteinfeger, der schlimme Finger!

## Die Geschichte von Oma Huber und dem Dieb

**Material:** –
**Alter:** ab 3 Jahren

Die Spielleitung denkt sich eine kleine widersprüchliche Geschichte aus, z. B.:
„Bei mir im Haus wohnt eine alte Dame, Oma Huber. Sie wohnt im Erdgeschoss und das ist auch gut so, denn ihre Beine tun ihr immer schrecklich weh. Sie kann keine Treppen mehr steigen und nur ganz langsam mit einem Stock laufen. Letztens war Oma Huber einkaufen. Da ist plötzlich ein Mann an ihr vorbei gerannt und hat ihr die Handtasche weggerissen! Aber Oma Huber ist schnell hinter ihm her und hat ihn an der nächsten Ecke eingeholt. Da hat sie dem Dieb ihre Tasche wieder abgenommen."
Natürlich kann die Geschichte so nicht passiert sein! Was ist falsch? Finden die Kinder den logischen Fehler in der Geschichte?

### Tipp

Es hilft den Kindern, auf die Lösung zu kommen, indem sie sich in die Personen der Geschichte hineinversetzen und die Handlung vielleicht sogar nachspielen.

## Was Menschen über sich verraten

**Material:** Bilder aus Bilderbüchern oder Illustrierten
**Alter:** ab 3 Jahren

Menschen verraten eine Menge über sich selbst durch die Art, wie sie sich kleiden, frisieren und überhaupt nach außen hin präsentieren, durch die Musik, die sie hören, das Auto, das sie fahren, die Bücher, die sie lesen, die Fotos in ihrer Wohnung, ja sogar durch den Inhalt ihrer Mülltonne (➜ S. 50, „Das Müllspiel")! Die Spielleitung sucht entsprechende Bilder aus Büchern oder Zeitschriften heraus und schaut sie mit den Kindern gemeinsam an.
Bei dem Spiel müssen die Kinder nicht exakt die wirklichen Umstände einer Person herausfinden. Es genügt, dass sie ihre Phantasie spielen lassen und sich in den anderen Menschen hineinversetzen:

- „Wenn ich so viele Poster von Motorrädern in meinem Zimmer hätte, dann könnte ich so ein Motorrad sicher auch fahren."
- „Die Frau trägt eine Uniform und sie steht dort an einem Auto. Sicher ist sie Polizistin/Politesse und der Autofahrer kriegt jetzt ein Knöllchen."
- „Das Kind auf dem Bild hat ja gar keine Schuhe an und nicht mal ein T-Shirt. Sicher sind die Eltern ganz arm, dass sie ihm nichts kaufen können."

## Das Müllspiel

**Material:** „Mülleimer“ mit Müll
**Alter:** ab 5 Jahren

Die Spielleitung bereitet einen Eimer als „Mülltonne“ vor und füllt ihn mit (sauberem!) Abfall, der etwas über die Familie oder die Menschen verrät, die vermeintlich ihren Müll dort hineingeschmissen haben, z. B.:

- Windeln im Mülleimer deuten auf ein Baby im Haushalt hin
- leere Füllerpatronen auf ein Schulkind
- Obstschalen und Gemüsereste auf eine Person, die auf ihre Ernährung achtet
- Zigarettenschachteln auf einen Raucher
- ein altes Kleidungsstück gibt vielleicht Auskunft über den Beruf eines Menschen (Kochmütze, Arztkittel o. Ä.) und seine Körpergröße usw.

Die Spielleitung ruft die Kinder im Sitzkreis zusammen und entleert den Mülleimer in ihrer Mitte. Sie fordert die Kinder auf, etwas über den Besitzer der Mülltonne herauszufinden. Gemeinsam spinnen sie die Geschichte der Menschen, die sich hinter dem Müll verbergen.

### Tipp

Die von den Kindern erdachten Menschen gemeinsam auf ein großes Blatt Papier malen: Jedes Kind, das aufgrund eines Stücks Müll auf etwas schließt, zeichnet dieses Detail in das Bild ein (z. B. ein Kind die Brille, weil es auf die benutzten Brillenputztücher und deren Tütchen aufmerksam gemacht hat).

## Wer hat die Kette, Detektiv?

**Material:** 1 hübsche Kette
**Alter:** ab 3 Jahren

Die Kinder versammeln sich im Sitzkreis. Die Spielleitung wählt eines der Kinder als Detektiv aus, das den Raum verlässt. Ein anderes Kind erhält die Kette und versteckt sie hinter seinem Rücken. Der Detektiv kommt zurück in den Kreis. Er mustert alle Kinder ganz genau:

- Wer versucht möglichst unschuldig auszusehen?
- Wer hält vielleicht die Hand hinter dem Rücken, als ob er dort etwas verbirgt?
- Oder tun die anderen Kinder nur so, als ob sie etwas in der Hand hätten?

Der Detektiv darf dreimal raten, wer die Kette versteckt hält. Wenn es ihm gelingt, den Täter zu finden, darf er den nächsten Detektiv auswählen, wenn nicht, ist das Kind mit der Kette als Detektiv an der Reihe.

## Wer ist der Mörder?

**Material:** Stuhlkreis, pro Kind 1 Zettel, Stift, Körbchen (oder anderer Behälter)
**Alter:** ab 4 Jahren

### Vorbereitung

Die Spielleitung schneidet so viele Zettel zu, wie Kinder mitspielen, beschriftet einen mit einem Kreuz, faltet die Zettel zusammen und legt sie in das Körbchen.

### Durchführung

Die Kinder sitzen im Stuhlkreis. Sie ziehen reihum einen Zettel und betrachten ihn heimlich. Das Kind, das den Zettel mit dem Kreuz zieht, ist der Mörder, alle anderen Kinder sind Detektive. Alle geben ihre Zettel für die nächste Runde wieder ab.
Das Spiel beginnt: Die Kinder schauen sich aufmerksam im Kreis um. Der Mörder sucht den Augenkontakt zu einem anderen Kind und zwinkert ihm zu, wenn er sich von den Detektiven unbeobachtet glaubt. Der Detektiv, dem zugezwinkert wurde, sackt sofort „tot" auf seinem Stuhl zusammen.
Auf diese Weise versucht der Mörder möglichst viele Detektive zu meucheln. Ertappt ihn jedoch ein Detektiv beim Zwinkern, ruft dieser sofort den Namen des Mörders. Der Mörder ist entlarvt und die nächste Runde kann beginnen!

***Du lügst!***
*Nicht jeder Zeuge sagt die Wahrheit! Aber Lügner verraten sich häufig durch ihre Körpersprache oder ihre Art sich auszudrücken. Bei den folgenden Warnzeichen sollte der Detektiv Verdacht schöpfen:*

- *Der Zeuge wiederholt sich häufig.*
- *Er benutzt abgehackte, unvollständige oder sogar unlogische Sätze und verstrickt sich in widersprüchliche Aussagen.*
- *Die Aussage klingt wie auswendig gelernt. Auf Nachfragen findet der Zeuge nicht sofort eine Antwort.*
- *Die Stimme wird zittrig oder geht in die Höhe.*
- *Der Zeuge räuspert sich häufig.*
- *Sein Blick schweift ständig ab oder bleibt unnatürlich fest am Gegenüber.*
- *Der Zeuge fuchtelt herum, zittert oder braust auf, wenn der Detektiv ihn der Lüge bezichtigt.*
- *Der Zeuge fasst sich häufig mit den Händen an die Nase oder an das Ohr oder bedeckt den Mund mit einer Hand.*

*Es rüttelt sich und schüttelt sich
und macht ein Häufchen unter sich.*

# Emieheg Tfahcstob

Geheime Botschaften sind immer nützlich – in Liebesangelegenheiten oder Staatsgeschäften, in der Spionage oder im Detektivspiel. Und dann gibt es noch die unterschiedlichsten Schriften und Alphabete, die von Menschen anderer Herkunft oder in bestimmten Berufszweigen benutzt werden und die für Otto Normalverbraucher genauso gut eine Geheimbotschaft sein könnten: z. B. das Flaggenalphabet, die Blindenschrift, arabische oder kyrillische Schriftzeichen oder die Zeichensprachen von Gehörlosen, Tauchern bzw. von Schiedsrichtern unterschiedlichster Sportarten.

## Nachrichten verstecken

Damit eine Nachricht geheim bleibt, muss sie versteckt werden vor den Augen aller Neugierigen. Dafür gibt es schon in der Antike viele Beispiele: Im Jahr 480 v. Chr. wollte der persische König Xerxes Griechenland angreifen. Der in Persien lebende Grieche Demeratus erfuhr davon und warnte seine Landsleute: Er entfernte die Wachsschicht von einem Wachstäfelchen, in die die Menschen damals ihre Nachrichten ritzten, und schrieb seine Warnung direkt auf das Holz. Anschließend überzog er die Tafel mit einer neuen Wachsschicht und konnte so die Nachricht unbemerkt nach Griechenland schmuggeln. So gewarnt besiegten die Griechen Xerxes in einer gewaltigen Seeschlacht.

Ein anderer Trick war, einem Sklaven die Haare vom Kopf zu rasieren und ihm die geheime Nachricht mit einer Art wasserfester Tinte auf die Kopfhaut zu schreiben oder zu tätowieren. Wenn dem Sklaven dann wieder kurze Haare gewachsen waren, schickte sein Herr ihn zum Empfänger der Botschaft, welcher dem Sklaven kurzerhand wieder den Kopf rasieren ließ, um die Nachricht lesen zu können.

In China ging man noch drastischer vor und ließ einen Boten kleine von Wachs umhüllte Seidenstücke schlucken, auf die die Botschaft geschrieben war. Die Seidenstücke wanderten durch das Wachs geschützt durch den Magen und wurden dann ein bis zwei Tage später unverdaut wieder ausgeschieden.

## Verschlüsseln statt verstecken

Einer der ältesten Tricks, eine Nachricht zu verschlüsseln, wurde von Julius Caesar angewandt (→ S. 56, „Caesars Codierscheibe"). Wenn er seine Briefe schrieb, wählte er statt des richtigen Buchstabens den im Alphabet darauffolgenden oder eben den um eine beliebige Zahl verschobenen Buchstaben: Wenn er das Alphabet um zwei verschoben hatte, so schrieb er also statt „A" ein „C", statt „B" ein „D" usw. (Auf diese Art bekam übrigens auch der fiese Computer *Hal* aus dem Film-Klassiker „2001" von Stanley Kubrick seinen Namen: Das Alphabet ist um eins nach vorne verschoben – „HAL" steht für die Computerfirma IBM.)

Die Spartaner benutzten Holzstäbe mit einem festgelegten Durchmesser, so genannte Skytale, um sich gegenseitig geheime Nachrichten zukommen zu lassen. Dazu wickelten sie einen Gürtel mit der Innenseite nach außen um den Holzstab und schrieben ihre Nachricht ganz normal darauf. War der Gürtel wieder abgewickelt, zeigte sich nur noch ein wirres Durcheinander von Buchstaben. Nun musste der Gürtel, von seinem Träger normal umgebunden, nur noch den Empfänger erreichen, der seinerseits den Gürtel um seine eigene Skytale wickelte und die Nachricht daraufhin problemlos lesen konnte.

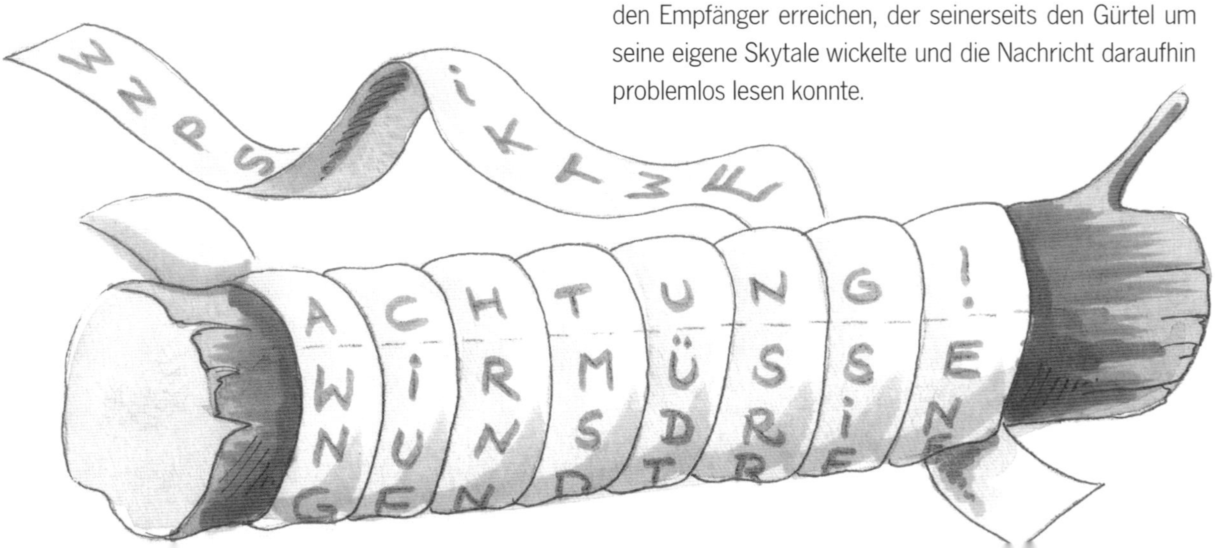

***Texte schnell verschlüsselt!***

- ***Falsch trennen:*** *Beim Formulieren der Nachricht möglichst lange Wörter verwenden und dann in andere Wörter trennen: aus „Treffpunkt um Mitternacht" wird „Tref fpu nktu Mmit tern acht".*
- ***Zusätzliche Buchstaben:*** *Fügt der Absender Quatschwörter oder Quatschbuchstaben in die Nachricht ein, so genannte „Faule" oder „Nieten", wird das Entziffern schwer: z. B. ein Quatschwort vor die Nachricht setzen: „Firna tref …" Oder noch schwerer: Jedes zweite, dritte oder vierte Wort ist Quatsch. Oder auch: Der jeweils erste oder letzte Buchstabe in jedem „Wort" ist ein Fauler!*
- ***Falsch herum:*** *Der Absender schreibt die Botschaft von hinten nach vorne (s. Kapitelüberschrift). Und zusätzlich falsch trennen, um feindliche Agenten vollkommen zu verwirren!*
- ***Buchstabenspirale:*** *Der Absender schneidet ein Quadrat aus kariertem Papier aus. Das Quadrat sollte so viele Kästchen haben wie die Nachricht Buchstaben. Nun in einer beliebigen Ecke beginnen und die Nachricht spiralig in die Kästchen schreiben.*
- ***Lineal-Methode:*** *Der Absender legt ein Lineal vor sich auf ein Blatt Papier und schreibt jeden Buchstaben seiner Nachricht über einen der 5-mm- oder 1-cm-Striche. Die Lücken dazwischen werden mit zufälligen Buchstaben ausgefüllt.*

*Die tollste Geheimschrift nutzt übrigens nichts, wenn sie nicht vorher mit dem Partner abgesprochen wurde!*

## Der Trick mit dem Drücken

**Material:** 2 Blätter Papier, Kugelschreiber, weicher Bleistift
**Alter:** ab 3 Jahren

Die beiden Blätter übereinander legen und mit dem Kuli ein Bild oder eine Nachricht darauf schreiben und -malen. Beim Schreiben fest drücken!
Das obere Blatt mit den Kulistrichen in kleine Schnipsel reißen und wegwerfen. – Achtung, nicht in den normalen Müll, da kann es jeder finden! Das untere Blatt als Geheimnachricht versenden.
Der Empfänger macht die Nachricht sichtbar, indem er mit einem weichen Bleistift leicht über das Papier wischt: Dadurch zeichnen sich die eingedrückten Linien der Kulispur ab.

## Wassernachricht

**Material:** 2 Bögen Papier, 1 Schüssel mit Wasser, weicher, stumpfer Bleistift, harte, glatte Unterlage (Tischoberfläche, Fensterscheibe o. Ä.)
**Alter:** ab 4 Jahren

Einen Papierbogen in das Wasser tauchen, sofort wieder herausziehen und abtropfen lassen. Noch feucht auf die Unterlage legen und mit dem trockenen Papier abdecken. Auf das trockene Papier mit dem Bleistift unter kräftigem Druck eine geheime Nachricht aufmalen. Wenn der Detektiv danach das trockene Papier entfernt, erscheint die Nachricht auf dem nassen Papier wie ein Wasserzeichen in hellen Linien. Sobald das Papier vollständig getrocknet ist, sind auch die Linien verschwunden.
Der Empfänger macht die Nachricht sichtbar, indem er das Papier wieder nass macht oder gegen das Licht hält.

*Was hat sechs Beine, läuft aber auf Vieren?*

## Unsichtbare Tinte

**Material:** 1 Kartoffel, 1 Reibe, 1 Schälchen, Wattestäbchen oder feiner Pinsel, Papier, Backofen oder Bügeleisen oder Fön oder Glühlampe, evtl. Zitronen-, Grapefruit- und Orangensaft, Kaffeefilter, Filterpapier, Spucke, Salz- oder Zuckerwasser, klarer Essig oder Milch, Kakao- oder Kaffeepulver
**Alter:** ab 4 Jahren

Die Kartoffel fein reiben und den austretenden Kartoffelsaft in einem Schälchen auffangen. Wattestäbchen oder feinen Pinsel in die „Kartoffeltinte" tauchen und ein einfaches Bild auf das Papier malen. Mit dem Trocknen wird die Tinte unsichtbar. (Achtung: Es dauert eine Weile, bis die Geheimtinte getrocknet ist. Die geheime Botschaft also nicht erst auf den letzten Stipp schreiben!)
Das Bild erscheint wieder, wenn das Papier kurz in den heißen Backofen gelegt oder gebügelt bzw. geföhnt wird oder wenn es eine Weile dicht unter eine Glühlampe gehalten wird.

**Variante**
Auf die gleiche Art lassen sich auch Zitronen-, Grapefruit- und Orangensaft (evtl. erst durch den Kaffeefilter filtern), Spucke, Salz- oder Zuckerwasser, klarer Essig oder Milch als unsichtbare Tinten verwenden. Auch sie werden durch Erhitzen sichtbar, bis auf die Milch: Auf das Papier etwas Kakao- oder Kaffeepulver streuen und leicht verreiben. An der Milchschrift bleibt das Pulver hängen.

**Tipp**
Die beste Geheimtinte nützt nichts, wenn Spione sofort misstrauisch werden, weil der Detektiv ein leeres Blatt verschickt. Also erst ein Blatt Papier mit einem nichtssagenden Brief oder Bild füllen und die Geheimschrift dann in die Lücken oder zwischen die Zeilen setzen. Und am Besten ein geheimes Zeichen vereinbaren, z. B. eine besondere Anrede oder ein besonderes Motiv, damit der Empfänger weiß, dass die Botschaft zusätzlich eine Geheimnachricht enthält!

*Je mehr davon gegessen wird, desto mehr bleibt übrig.*

## Fall Nr. 11: Die gebrochenen Herzen

**Material:** Zettel, Stift, Geheimtinte (➔ S. 54, „Unsichtbare Tinte"), Pinsel, Papier, rosa Umschlag mit Herzchen, Föhn
**Alter:** ab 3 Jahren

### Vorbereitung

Bereits einige Tage vor dem eigentlichen Fall lässt die Spielleitung überall kleine Zettelchen herumliegen, auf denen ein zerbrochenes Herz zu sehen ist. Für den eigentlichen Fall zeichnet sie mit Geheimtinte ein großes Herz auf ein Blatt Papier und in das Herz hinein zwei markante Puppen oder Kuscheltiere aus verschiedenen Gruppenräumen. Die Kinder müssen die Tiere oder Puppen einwandfrei identifizieren können! Dieses Blatt legt sie in einen rosa Umschlag mit Herzchen darauf.

### Durchführung

Während der Vorbereitungstage wundert sich die Spielleitung gemeinsam mit den Kindern, was wohl die Zettelchen mit den gebrochenen Herzen zu bedeuten haben, die plötzlich und geheimnisvoll überall auftauchen. Ob es in der Einrichtung ein unglückliches Liebespaar gibt? Wer könnte das sein?
Schließlich findet sich der Herzchenumschlag. Neugierig öffnen die Kinder ihn und finden – ein leeres Blatt. Was soll das bedeuten? Warum sollte jemand ein leeres Blatt in einen so besonderen Umschlag legen? Sicher kommt eines der Kinder auf die Idee, dass es sich um eine geheime Nachricht handeln könnte. Also Föhn gezückt und das Papier erhitzen. Nanu, da kommen ja die Puppe Blümchen aus der Mäuse-Gruppe und der Löwe Leo aus der Indianer-Gruppe zum Vorschein! Sind die beiden etwa verliebt? Dann sind sie sicher so verzweifelt, weil sie nie nebeneinander im Regal sitzen dürfen. Das wird ab jetzt anders!

## Die Eier-Nachricht

**Material:** 15 g Alaun (aus der Apotheke), ¼ l Essig, 1 rohes Ei, Zahnstocher
**Alter:** ab 5 Jahren

Alaun und Essig mischen. Mit dem Zahnstocher das Gemisch auf die Schale des rohen Eies auftragen und entweder etwas schreiben oder malen.
Das Ei kochen und nach dem Abkühlen pellen. Die geheime Nachricht ist auf der Eieroberfläche zu erkennen. Das Ei jetzt aber bitte nicht mehr essen!

**Tipp**
Mit dieser Nachricht kann man einem Geburtstagskind per Ei überraschend einen Gruß zukommen lassen.

## Der Briefmarkentrick

*Dieser Trick eignet sich nur für sehr kurze Mitteilungen!*

**Material:** 1 großformatige Briefmarke, Papier, Schere, Stift, Postkarte
**Alter:** ab 6 Jahren

Das Papier so zuschneiden, dass es etwas kleiner ist als die Briefmarke. Mit einer geheimen Nachricht beschriften und auf die Rückseite der Briefmarke kleben, so dass an jeder Seite noch Kleberänder der Briefmarke zu sehen sind. Nun die Briefmarke auf eine Postkarte kleben, die Postkarte schreiben und adressieren und z. B. an die Nachbargruppe in der Einrichtung schicken. Der Empfänger löst vorsichtig die Briefmarke ab und kann die Geheimnachricht lesen!

## Caesars Codierscheibe

*Uns kommt der Trick mit dem Buchstabentausch heute recht simpel vor. Caesars Neider aber konnten sich keinen Reim auf den Buchstabensalat machen, den der große Feldherr da verschickte. Die hätten auch eine Codierscheibe gebraucht, um den Code knacken zu können!*

**Material:** Tonkarton, Kopien der Buchstabenscheiben (➜ Abb. unten), spitze Schere, Klebstoff, Musterklammer
**Alter:** ab 6 Jahren

Die beiden Scheiben auf den Karton kleben und ausschneiden. In die Mitte mit Hilfe der Schere ein Loch bohren, die kleinere auf die größere Scheibe legen und mit der Musterklammer verbinden.
Wenn der Detektiv den Pfeil der kleineren Scheibe, also das „A", auf einen anderen Buchstaben der größeren Scheibe dreht, kann er für jeden Buchstaben und jede Zahl das Gegenstück an der Scheibe ablesen.

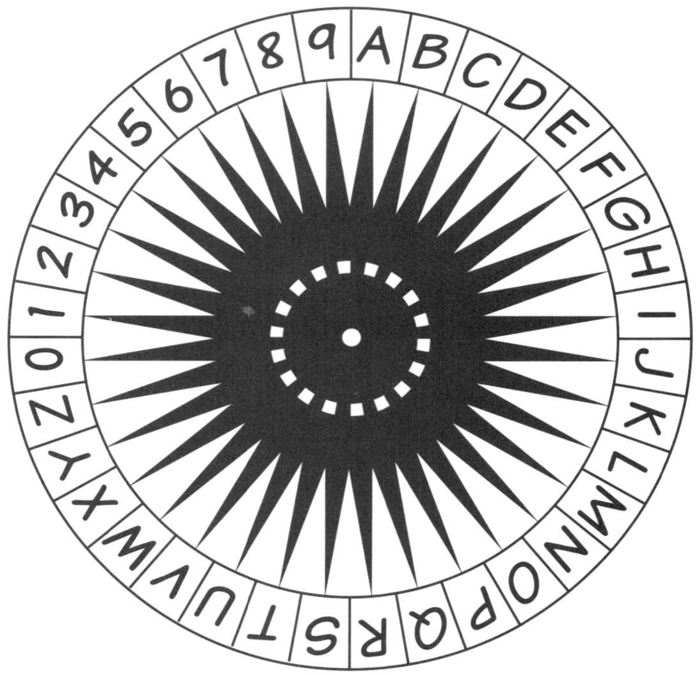


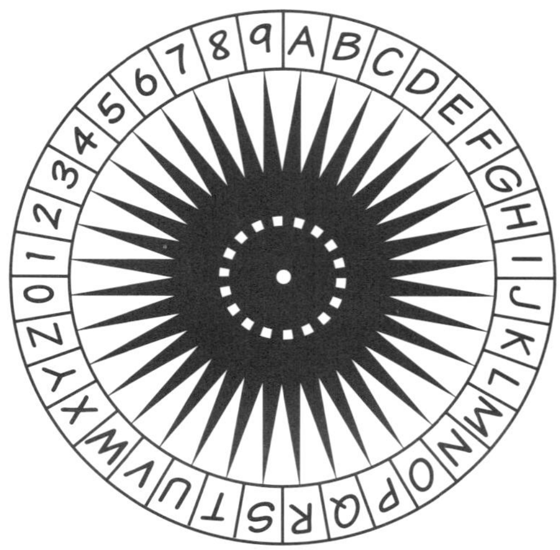

# Fall Nr. 12: Rätsel um das Mittagessen

**Material:** Schreibmaterial, Codierscheibe (→ S. 56)
**Alter:** ab 6 Jahren

### Vorbereitung

Die Spielleitung schreibt in codierter Form auf ein Blatt, was es an diesem Tag zum Mittagessen, Frühstück oder zum Nachtisch geben soll, also z. B. „Pizza“, „Honig“ oder „Eis“. Auf ein weiteres Blatt schreibt sie den Code, den sie benutzt hat, also etwa „A = H“ oder „A = Q“. Dieses Blatt steckt sie in einen Umschlag und versteckt ihn im Gruppenraum (z. B. unter den Tisch kleben, hinter einen Bilderrahmen klemmen oder in einem Buch verstecken, …).

### Durchführung

Die Spielleitung erklärt allen interessierten Kindern, dass die Küchenhilfe an diesem Tag ein großes Geheimnis darum macht, was es zu essen geben wird. Aber – triumphierend hält die Spielleitung den codierten Zettel hoch – auf diesem Zettel hat die Küchenhilfe das Geheimnis in Geheimschrift notiert. Wenn sie nun noch den Zettel finden könnten, in dem die Küchenhilfe aufgeschrieben hat, welchen Code sie benutzt hat, könnten die Kinder das Geheimnis lüften! Bestimmt ist der Zettel irgendwo im Gruppenraum versteckt, denn die Spielleitung hat eben beobachtet, wie die Küchenhilfe den Raum mit einem Umschlag in der Hand betrat, aber ohne den Umschlag wieder heraus kam.

Nun sausen die Detektive los, um den Umschlag zu finden, und sobald sie ihn gefunden haben, machen sie sich ans Dechiffrieren. Na, gibt’s was Leckeres?

*Es hört jedes Wort und sagt selber keins.*

## Die Itschi-Geheimsprache

*Geheime Nachrichten kann man auch laut aussprechen – vorausgesetzt, sie sind in einer Geheimsprache versteckt!*

**Material:** –
**Alter:** ab 6 Jahren

Die Geheimsprache Itschi ist ganz einfach zu erlernen: an jedes Wort die Endung „-itschi" anhängen! Aus dem Satz „Ich hab' Hunger" wird so „Ichitschi habitschi Hungeritschi".

### Variante für jüngere Kinder

An jedes Wort nur einen Selbstlaut anhängen: „Wanni kommti Mamai?" – „Spielsto duo mito miro?" – „Darfa icha eina Bonbona?"

### Variante

Die Kinder denken sich eigene Geheimsprachen aus. Beispielsweise treten zwei Gruppen gegeneinander an, sagen einen Satz in ihrer jeweiligen Geheimsprache und versuchen, die Sprache der anderen Gruppe zu durchschauen.

*Je mehr man wegnimmt,*
*desto größer wird es.*
*Je mehr man hinzu tut,*
*desto kleiner wird es.*

## Klopfzeichen

**Material:** Brettchen oder Trommel
**Alter:** ab 3 Jahren

Mit den Kindern einige Klopfzeichen verabreden, z. B.:

- „klopf – (kurze Pause) – klopf" = „hinsetzen"
- „klopf – (lange Pause) – klopf – (kurze Pause) – klopf" = „auf einem Bein stehen"
- „klopf" = „auf der Stelle hüpfen".

Mit den Kindern in den Turmraum oder ins Freie gehen. Dort laufen die Kinder kreuz und quer durcheinander. Nach einer Weile gibt die Spielleitung ein Klopfzeichen auf dem Brettchen oder der Trommel. Die Kinder müssen den geklopften Auftrag sofort ausführen. Wer sich vertut oder als letzter reagiert, scheidet aus, bis nur noch der Klopfmeister oder die Klopfmeisterin übrig ist.

## SOS morsen

*Verschüttete geben Klopfzeichen, über Funk sendet der Kapitän das Notsignal, während das Schiff schon sinkt ... In Notfällen muss es schnell gehen und meist ohne große Ausrüstung. Das einfache Punkte-und-Striche-System des Morse-Codes (**➜ S. 59**) ist deshalb ideal für den Notruf.*
*Angeblich steht „SOS" für „save our souls" („rettet unsere Seelen"). Das in Notsituationen ebenfalls oft verwendete „Mayday" kommt vom französischen „m'aider" („hilf mir").*

***Rotwelsch und Zinken***
*Die Geheimsprache Rotwelsch entstand im Mittelalter. Sie wurde damals von Gauklern, Bettlern und Dieben gesprochen. Heute sind viele der Wörter in unsere Sprache übergegangen, z. B. „Gauner", „Ganove", „Kies" für Geld, „Pulle" für Flasche, „Knast", „Kadi" für den Richter oder „link" im Sinne von „falsch". Einige der Wörter stammen aus den Sprachen der Sinti und Roma oder aus dem Französischen oder dem Jiddischen, der Sprache der osteuropäischen Juden. Manche Wörter waren aber auch einfach frei erfunden.*
*Das Wort „Zinken" stammt ebenfalls aus dem Rotwelsch und bedeutet „geheimes Zeichen". Bettler, Hausierer und Gauner malten oder ritzten diese Zeichen klein und unauffällig an Häuser, Zäune und Briefkästen. Sie gaben Auskunft darüber, ob in dem Haus etwas zu holen sei und wer dort lebte, oder auch darüber, welcher Hausierer das Haus bereits abgeklappert hatte. Heute verwenden internationale Gaunerbanden wieder Zinken, z. B. um Lastwagen mit wertvollem Gut für einen Diebstahl zu kennzeichnen.*

**Material:** Taschenlampe, evtl. Taschenspiegel
**Alter:** ab 6 Jahren

Ein Detektiv in Not sollte SOS morsen können, damit er seine Kollegen zu Hilfe rufen kann. Dazu die Taschenlampe dreimal kurz aufleuchten lassen, dann dreimal lang und wieder dreimal kurz.

**Variante**

Im Sonnenschein mit einem Taschenspiegel SOS blinken.

***Der Morse-Code***

*Der amerikanische Maler und Erfinder Samuel Morse hat den Morse-Code erfunden – daher auch der Name. 1837 meldete er seine Erfindung des Morse-Telegrafen zum Patent an. Nun war es möglich, Nachrichten mit Hilfe von Elektrizität über weite Entfernungen zu versenden: Die Morsezeichen wurden über Drähte von einem Telegrafen zum anderen weitergeschickt. Die Buchstaben und Zahlen bestanden damals noch aus Punkten, unterschiedlich langen Strichen und Pausen. Ein Telegraf drückte für einen Punkt kurz auf eine Taste, für die unterschiedlichen Striche entsprechend länger. Beim nächsten Telegrafen kamen die Signale in einer Maschine an, die sie wieder als Punkte, Striche und Pausen auf eine Papierrolle übertrug.*
*Heute wird nur noch der Internationale Morse-Code benutzt, bei dem alle Striche gleich lang sind und die Pausen aus den Buchstaben verschwunden sind.*

## Blinkende Post

*Dieses Spiel ist eine Variante von „Stille Post" – übrigens auch eine für Junior-Detektive sehr geeignete Übung, bei der geheime Nachrichten fehlerfrei weitergegeben werden müssen!*

**Material:** Taschenlampen
**Alter:** ab 4 Jahren

Die Spielleitung spricht mit den Kindern einige Lichtzeichen ab, z. B:

- 2 × kurz leuchten = „Mach einen Luftsprung!"
- 1 × lang und 1 × kurz = „Geh in die Hocke!"
- 1 × kurz, 1 × lang, 1 × kurz = „Klatsche in die Hände!"

Nun stellen sich die Spielleitung und die Kinder mit den Taschenlampen in der ganzen Einrichtung auf, und zwar so, dass jedes Kind nur zu zwei anderen Kindern Sichtkontakt hat, die Spielleitung aber zu dem ersten Kind und dem letzten Kind in der Reihe.

Die Spielleitung beginnt und leuchtet mit der Taschenlampe dem ersten Kind eines der verabredeten Blinkzeichen zu. Das erste Kind gibt das Zeichen an das zweite Kind weiter, dieses an das dritte und so weiter, bis das Blinkzeichen beim letzten Kind ankommt. Dieses macht daraufhin die passende Bewegung.

Die Spielleitung kontrolliert, ob das von ihr ausgegebene Zeichen und die Bewegung zusammenpassen. Oder hat es irgendwo auf der Strecke einen Fehler in der Übermittlung gegeben?

Wenn alles geklappt hat, rückt jedes Kind eine Position weiter, bis alle einmal als letztes Kind an der Reihe waren.

*Erst weiß wie Schnee,*
*dann grün wie Klee,*
*dann rot wie Blut,*
*schmeckt Kindern gut.*

## Geheimverstecke

**Material:** Geheimtinte und Zubehör (➔ S. 56), kleine Süßigkeiten oder andere kleine Gegenstände
**Alter:** ab 5 Jahren

Die Spielleitung bereitet mehrere kleine Geheimbilder mit unsichtbarer Tinte vor: Sie zeigen z. B. den Kühlschrank, einen besonderen Schuh oder das Telefon. An diesen Orten die Süßigkeiten oder kleinen Gegenstände verstecken.

Eine Handvoll Kinder bekommt die Geheimzettel. Sie versuchen, hinter das Geheimnis der Zettel zu kommen. Sobald sie diese entschlüsselt haben, suchen sie die Orte auf, die die Bilder zeigen. Finden sie alle Verstecke?

**Variante**

Eine Gruppe Kinder bereitet die Geheimbilder für eine andere Gruppe vor.

## Geheime Wachsnachricht

**Material:** weiße Kerze, weißes Papier, Kugelschreiber, Kakaopulver, Pulverkaffee oder buntes Kreidepulver
**Alter:** ab 5 Jahren

So entstehen Wachsnachrichten: Mit einer weißen Kerze kräftig und deckend über ein Blatt weißes Papier rubbeln. Das Papier mit der Wachsseite auf ein anderes Blatt weißes Papier legen. Darauf eine Nachricht mit Kuli schreiben und dabei fest aufdrücken. Das Papier mit der Wachsschicht wegwerfen und das andere Blatt als Geheimnachricht verwenden. Mit Kakao, Pulverkaffee oder buntem Kreidepulver, das sie über das Papier pusten und das am Wachs hängen bleibt, machen die Kinder die Nachricht sichtbar.
Jedes Kind malt einen einzelnen Gegenstand – die Sonne, eine Blume, ein Haus – als geheime Wachsnachricht auf. Die Spielleitung sammelt die Blätter ein. Gemeinsam machen die Kinder der Reihe nach alle Nachrichten sichtbar und erkennen, was darauf abgebildet ist.

## Wo ist das Auto?

**Material:** kleines Auto, Material s. „Geheime Wachsnachricht" (➔ linke Spalte)
**Alter:** ab 5 Jahren

Die Spielleitung wählt ein Kind aus, das das Auto verstecken und anschließend das Versteck (z.B. die Blumenvase, den Eimer oder die Spielkiste) als Wachsnachricht aufmalen darf. Die anderen Kinder der Gruppe bekommen die geheime Nachricht und machen sie sichtbar. Wer als erstes das Bild erkennt, holt das Auto aus seinem Versteck

**Variante für jüngere Kinder**
Die Spielleitung malt das Versteck auf das Papier.

## Geheime Gesten

**Material:** –
**Alter:** ab 4 Jahren

**Vorbereitung**
Zwei Detektive verabreden eine geheime Geste, z B.: Immer, wenn sich einer der beiden mit der Hand an die Nase fasst, macht der andere einen Sprung in die Luft.

**Durchführung**
Die anderen Kinder bilden einen Kreis, in den sich die beiden Detektive begeben. Die Detektive gehen im Kreis umher, hocken sich hin, gestikulieren wild, bewegen sich auf jede erdenkliche Art und Weise – und behalten sich dabei im Auge. Immer, wenn das geheime Zeichen kommt, reagieren sie entsprechend.
Die anderen Kinder beobachten die beiden. Glaubt ein Kind, das geheime Zeichen entdeckt zu haben, gesellt es sich zu den Detektiven in den Kreis und beteiligt sich an der geheimen Geste. Das geht so lange, bis alle Kinder mitmachen. Aber reagieren wirklich alle mit der richtigen Bewegung auf die richtige Geste? Nun wird das Rätsel aufgelöst!

## Fall Nr. 13: Der zerstückelte Plan

**Material:** Papier, Stifte, Briefumschläge
**Alter:** ab 4 Jahren

### Vorbereitung

Die Spielleitung schreibt oder malt eine Geheimbotschaft auf ein Blatt Papier, z. B. schreibt sie „Heute gibt es Eis“ oder malt einen Essteller mit Messer und Gabel und eine Eistüte dazu. Sie zerreißt das Bild in so viele Stücke, wie Detektive an dem Fall mitarbeiten.
Sie versteckt jedes Bildfragment an einem anderen unverwechselbaren Ort (in der leeren Teekanne, unter dem Telefon, in der Obstschale, im Puppenhaus) und malt das Versteck ebenfalls jeweils auf ein Blatt Papier und kennzeichnet das genaue Versteck zusätzlich mit einem Pfeil. Jedes Bild steckt sie in einen Umschlag.

### Durchführung

Die Spielleitung ruft die Detektive zusammen und händigt jedem einen Umschlag aus: „Ich habe Geheimbotschaften gefunden. Helft ihr mir, sie zu entschlüsseln?“
Die Kinder betrachten die Bilder und ziehen entweder einzeln oder gemeinsam los, um an Ort und Stelle nach der Lösung des Rätsels zu suchen. Sind alle Teile der ursprünglichen Geheimbotschaft gefunden, puzzeln die Detektive sie zusammen und entdecken die Nachricht. Nun haben sie sich das Eis aber auch verdient!

# Fall Nr. 14: Agenten

**Material:** kleine Zettel, Stift, 1 Packung Kaugummistreifen, Kugelschreiber, Zeitung, 2 gleiche Einkaufstaschen, Stadtplan
**Alter:** ab 3 Jahren

## Vorbereitung

Die Spielleitungen zweier benachbarter Gruppen beschriften fünf Zettel jeweils mit den Zahlen 1, 2, 3, 4 und 5.

- Zettel Nr. 1 verstecken sie in einem Kaugummistreifen, indem sie ihn erst in das Silberpapier legen und dieses dann wieder ordentlich gefaltet in das Papier zurückschieben. Das Ganze zurück in die Kaugummi-Packung legen.
- Zettel Nr. 2 ganz klein zusammenrollen und um die Mine eines Kugelschreibers wickeln.
- Zettel Nr. 3 in eine Zeitung einlegen.
- Zettel Nr. 4 in eine von zwei gleichen Einkaufstaschen stecken.
- Zettel Nr. 5 in die Falten eines Stadtplans legen.

Die Spielleitungen teilen die vorbereiteten Utensilien unter sich auf; von den Einkaufstaschen bekommt jede eine.

## Durchführung

Die Spielleitungen wetten mit den Kindern, dass sie im Laufe der nächsten 15 Minuten fünf verschiedene Geheimbotschaften austauschen werden, ohne dass die Kinder das bemerken. Sie versprechen, sich dazu nicht heimlich, z. B. auf der Toilette, zu treffen! Die Kinder dürfen sie die ganze Zeit beobachten und sie nicht aus den Augen lassen!

Nun beobachten die Kinder mit Argusaugen, was die Spielleitungen so treiben:

- Sie treffen sich auf dem Flur und Spielleitung A bietet Spielleitung B sowie den umstehenden Kindern ein Kaugummi an.
- Spielleitung A muss dringend etwas notieren, findet aber partout keinen Stift und bittet eines der Kinder, Spielleitung B nach einem Kuli zu fragen.
- Dabei fällt Spielleitung B auf, dass A ihre Zeitung in Bs Raum vergessen hat und gibt sie dem Kind auch gleich mit.
- Spielleitung A hat in ihrer Einkaufstasche noch Sachen, die in die andere Gruppe gehören, geht in deren Gruppenraum und stellt ihre Tasche beim Auspacken neben einer anderen, gleich aussehenden ab. Als sie den Raum verlässt, greift sie unbemerkt diese andere Tasche statt ihrer eigenen.
- Dann fällt Spielleitung B ein, dass sie noch nicht weiß, wo dieses neue Restaurant ist, von dem A erzählt hat, und geht mit ihrem Stadtplan zu A, um sich die Straße zeigen zu lassen. Als B wieder in ihren eigenen Gruppenraum zurückgeht, lässt sie versehentlich ihren Stadtplan liegen.

Nun wenden sich die Spielleitungen an die Kinder: Tatarata, alle geheimen Botschaften sind ausgetauscht! Nanu, wie das?

Die Kinder dürfen raten oder erzählen, ob ihnen etwas Verdächtiges aufgefallen ist. Dann spielen die Spielleitungen als Auflösung ihre gar nicht so geheimen Übergaben noch einmal vor und zeigen, wo die Nachrichten versteckt waren.

Wahrscheinlich werden einige Kinder demnächst wetten wollen, dass sie das auch schaffen …

*Ist man mit den Füßen wieder draußen, ist man erst richtig drinnen – was ist das?*

# Scharf beobachtet, fix kombiniert!

Detektiv Schlamperl ist ein wenig – nun, schlampig. Dreimal ist er schon von der Polizei verhaftet worden, weil er mehrfach vergessen hatte, die Plastikhandschuhe überzustreifen, bevor er sich dem Tatort näherte. Glücklicherweise hatte er jedes Mal ein Alibi und kam deshalb wieder frei.
Einmal hatte Detektiv Schlamperl mehrere Tatverdächtige gestellt. Weil er aber übersehen hatte, dass am Tatort überall Hundespuren im Garten abgedrückt waren, es im Haus aber gar keinen Hund gab, ließ er den richtigen Täter mit seiner Dogge laufen und brachte stattdessen einen alten Mann (mit Hundehaarallergie, wie sich später herausstellte) zur Polizei.
Dann war da noch der Fall des verschwundenen Bildes, den Detektiv Schlamperl während seiner Ferien in England lösen wollte. Da er aber nicht wusste, dass die Uhrzeit 5 p. m. nicht 5 Uhr morgens, sondern 17 Uhr nachmittags bedeutet, fragte er alle Tatverdächtigen nach den falschen Alibis – der Täter entkam.
Und erst die peinliche Sache mit dem Hornisten, der ihn beauftragte, sein Ein und Alles wiederzufinden, das irgendwie verschwunden war! Detektiv Schlamperl suchte mehrere Tage nach einem entflogenen Hornissenvolk, bis ihm ein wohlmeinender Imker erklärte, dass ein Hornist keine Hornissen züchtet, sondern im Orchester ein Horn bläst …
Tja, Detektiv Schlamperl ist wohl nicht zum Detektiv geboren. Trotzdem könnte er ein bisschen lernfreudiger sein! Ein guter Detektiv muss immer aufmerksam seine Umgebung beobachten und aus den kleinsten Umständen logische Schlüsse ziehen.
Er braucht ein gutes Gedächtnis, um sich alle Fakten eines Falles merken zu können. Außerdem sollte er immer bereit sein dazu zu lernen. Ständig erweitert ein guter Detektiv sein Alltagswissen und seine Allgemeinbildung, da er ja nie weiß, welches Wissen er zur Lösung des nächsten Falles dringend benötigen wird.
Und noch etwas anderes ist für den guten Detektiven glasklar: Der Standpunkt spielt eine wichtige Rolle. Etwas für den Fall äußerst Wesentliches kann für den einen unsichtbar, für den anderen aber sichtbar sein, weil beide an unterschiedlichen Stellen stehen. Wenn Detektiv Schlamperl das nur gewusst hätte, als er plötzlich bei einer Schlossbesichtigung den „Räuber" des Königlichen Diamanten auf frischer Tat ertappte und überwältigen wollte und dabei die livrierten Diener hinter dem Wandschirm übersah, die ihrem Herrn, dem König von Dinorien, das Samtkissen für den Diamanten hielten. Peinlich, peinlich …

## Irgendwas ist anders ...

**Material:** –
**Alter:** ab 5 Jahren (mit Variante für ältere Kinder)

Die Spielleitung bestimmt ein Kind zum Detektiven, das als erstes seine Beobachtungsgabe testen darf, und schickt es einstweilen aus dem Zimmer. Die anderen Kinder suchen ein Kind aus, das etwas an seiner Kleidung verändert: den Gürtel abnimmt, den Pulli in die Hose steckt, ein Haarband umbindet o.Ä.
Der Detektiv betritt wieder den Raum und mustert die anderen Kinder eingehend. Er darf nur einmal raten, was sich geändert hat – er sollte deshalb genau überlegen! Hat er genau beobachtet und die kleine Änderung herausgefunden, darf er den nächsten Detektiven bestimmen.

### Tipp
Dieses Spiel sollte in kleinen Gruppen gespielt werden, um die Aufgabe nicht zu schwer zu machen. Bei vielen Kindern können mehrere Gruppen gebildet werden.

### Variante für ältere Kinder
Der Raum kann in das Spiel einbezogen werden.

### Variante
Auf einem Tisch eine Spielszene aus Tierfiguren oder kleinen Männchen und Gebäuden aufbauen. Den Kindern 30 bis 60 Sekunden Zeit lassen, sich die Szene einzuprägen und sie dann bitten, kurz den Raum zu verlassen. Inzwischen eine Kleinigkeit an der Spielszene ändern. Wer findet den Unterschied? Oder sogar mehrere Unterschiede?

## Wie war der Name?

**Material:** –
**Alter:** ab 4 Jahren

Die Spielleitung erklärt den Kindern einen Trick, mit dem sie sich Nachnamen besser merken können: In Gedanken verbindet man den Nachnamen mit einer Tätigkeit oder einem besonderen Bild, z.B.:

- Herr Weber webt auf einem Webrahmen.
- Frau Spitzhüttel wohnt in einem Häuschen mit spitzem Dach.
- Frau Rose riecht so gut wie die Blume.
- Herr Baumgärtner liebt seinen Garten mit den vielen Bäumen darin.

Zusammen überlegen die Kinder, ob sie sich die eigenen Nachnamen auch mit solchen Eselsbrücken merken können.

### Variante
Natürlich funktioniert die gleiche Technik auch mit Straßennamen.

## Wie hieß er gleich?

**Material:** –
**Alter:** ab 4 Jahren

Am Morgen erzählt die Spielleitung den Kindern eine kurze Geschichte, z.B.: „Gestern habe ich im Bus meinen Regenschirm verloren. Heute morgen habe ich das Fundbüro angerufen. Ich hatte Glück! Jemand hat meinen Schirm gefunden und mit nach Hause genommen. Da kann ich ihn mir abholen. Ich muss zu Frau Kreuzer in die Schlossstraße. Hoffentlich kann ich mir das merken!"
Die Spielleitung bittet die Kinder um Hilfe, sich als Gedächtnisstütze eine Eselsbrücke für Namen und Straße auszudenken. Die Kinder machen Vorschläge und die Spielleitung greift die beiden anschaulichsten auf und wiederholt sie für die ganze Gruppe.
Bevor die Kinder an diesem Tag die Einrichtung verlassen, fragt die Spielleitung nach: „Ach herrje, jetzt habe ich doch vergessen, bei wem ich meinen Schirm abholen muss und wie die Straße hieß. Wisst ihr es noch?" Sicher können die Kinder da weiterhelfen!

## Fall Nr. 15: Wo ist der Ring?

**Material:** 1 Ring
**Alter:** ab 3 Jahren

### Vorbereitung

Die Spielleitung überlegt sich einige Tätigkeiten, die sie in der letzten halben Stunde durchgeführt haben könnte, z. B.:

- ins Büro gehen, um zu telefonieren.
- in die Küche gehen, um Tee zu kochen.
- nach draußen gehen, um eine Pflanze umzutopfen.
- zum Waschbecken gehen, um die Hände zu waschen.

Es sollte eine Tätigkeit dabei sein, bei der ein Ring an der Hand stören könnte (z. B. Umtopfen oder Händewaschen). An den Ort dieser Tätigkeit einen Ring hinlegen.

### Durchführung

Die Spielleitung ruft die Kinder zusammen: „Ich habe meinen Ring irgendwo hingelegt, aber ich weiß nicht mehr, wo. Könnt ihr mir helfen, ihn wiederzufinden?" Sie berichtet den Kindern, was sie in der letzten halben Stunde getan hat, und merkt an, dass sie den Ring ausgezogen haben könnte, weil er bei etwas gestört habe. Die Gruppe überlegt gemeinsam, bei welcher Tätigkeit das gewesen sein könnte, indem sich die Kinder vorstellen, was sie gemacht hätten, wenn sie anstelle der Spielleitung gewesen wären.
Sobald sich die Kinder überlegt haben, wie es gewesen sein könnte, gehen alle zusammen los und schauen an der entsprechenden Stelle nach. Und zur Belohnung, dass alle geholfen haben, den Ring wiederzufinden, folgt z. B. ein besonders beliebtes Spiel!

## Das verrückte Fragespiel „Boing!“

**Material:** Stift, Papier
**Alter:** ab 4 Jahren

Die Spielleitung notiert sich vor Spielbeginn etwa 30 Fragen, die Kinder leicht beantworten können, z. B.:

- 1. „Bei welcher Ampelfarbe darfst du gehen?“
- 2. „Was fressen Mäuse gerne?“
- 3. „Pippi Langstrumpf hat einen Affen und ein …?“
- 4. „Wie heißt du?“ etc.

Die Kinder zum Sitzkreis zusammenrufen und den Spielablauf erklären: Die Spielleitung stellt mehreren Kindern nacheinander Fragen. Das erste Kind antwortet mit „Boing!“, jedes weitere Kind beantwortet die Frage des vorhergehenden Kindes. Kommt jedes Kind einmal an die Reihe, ohne dass sich eines der Kinder vorher vertut?

### Variante

Die Kinder spielen in zwei Teams gegeneinander. Jedes Kind des Teams beantwortet so lange Fragen, bis es eine falsche Antwort gibt; dann ist das nächste Kind aus der Gruppe an der Reihe. Welches Team kann mehr Fragen beantworten?

### Tipp

Je schneller die Spielleitung die Fragen stellt und je schneller die Kinder antworten müssen, desto fröhlicher wird die Runde!

## Was hörst du da?

**Material:** Kassettenrekorder mit Mikrofon, 1 leere Kassette
**Alter:** ab 3 Jahren

### Vorbereitung

Die Spielleitung hilft einigen älteren Kindern, Geräusche aus dem Umfeld der Kinder auf Band aufzunehmen, z. B.:

- das Zischen einer Wasserflasche, wenn sie geöffnet wird
- die Toilettenspülung
- das Hupen eines Autos
- das Miauen einer Katze
- das Brummen eines Teddybärs
- das Lachen eines bestimmten Kindes
- ein pfeifender Wasserkessel
- das Läuten der Türglocke

Dabei auf ausreichend lange Pausen zwischen den einzelnen Geräuschen achten!

### Durchführung

Im Sitzkreis die eingefangenen Laute einzeln vorspielen. Wer errät, um welches Geräusch es sich handelt?

### Variante

Den Kindern die Geräusche einzeln vorspielen und die Kinder auffordern, sich – ohne sich auszutauschen – an den Ort zu begeben, an dem sie den Ursprung des Geräusches vermuten. Bei einem brummenden Bären sollten sich die Kinder also, wenn sie richtig geraten haben, in der Spielecke bei den Kuscheltieren versammeln oder beim Läuten der Türglocke am Eingang.

*Zwei Löcher hab ich,
zwei Finger brauch ich.
So mach ich Langes
und Großes klein
und trenne, was
nicht beisammen soll sein.*

## Fall Nr. 16: Verdächtige nächtliche Geräusche

**Material:** Kassettenrekorder mit Mikrofon, 1 leere Kassette, Brecheisen oder ähnliches Werkzeug
**Alter:** ab 3 Jahren

### Vorbereitung

Die Spielleitung überlegt, was ein Dieb nachts in der Einrichtung alles tun könnte, z. B.:

- die Tür aufschließen
- mit dem Schlüssel klimpern
- die Tür laut zuschlagen
- auf Toilette gehen und die Spülung betätigen
- Hände waschen
- Schranktüren öffnen
- sich etwas zu Trinken einschütten
- eine Spielzeugkiste durchstöbern, etc.
- zuletzt: das Fenster öffnen

Die dabei entstehenden Geräusche nimmt sie in der chronologisch richtigen Reihenfolge auf die Kassette auf. An die Quelle des letzten Geräusches, in diesem Fall an das Fenster, legt sie einen Gegenstand, den der Dieb wohl vergessen hat, vielleicht ein Brecheisen oder ein anderes Werkzeug.

### Durchführung

Als die Kinder am nächsten Morgen in die Einrichtung kommen, begrüßt die Spielleitung sie mit der Neuigkeit, dass nachts ein Dieb durch das Haus geschlichen ist. Zufälligerweise lief die ganze Nacht der Kassettenrekorder, so dass alle Geräusche, die der Dieb dabei gemacht hat, aufgenommen wurden.
Gemeinsam hören sich die Kinder das Band an und finden heraus, was die Geräusche jeweils verursacht hat. Bei jedem Geräusch überprüfen sie, ob ihre Vermutung stimmt. Zuletzt folgen die Kinder dem Geräusch zum Fenster und finden dort das Werkzeug des Diebes.
Es fehlt aber doch nichts, oder?

*Was muss sterben, wenn es Wasser trinkt?*

## Das Wissensquiz

**Material:** Murmeln, Perlen, Steinchen o. Ä.
**Alter:** ab 3 Jahren

Die Kinder bilden zwei gleich große Gruppen und ziehen sich getrennt voneinander mit jeweils einem Erwachsenen zurück. Jedes Kind denkt sich eine Frage aus, die es der anderen Gruppe stellen könnte, z. B.:

- „Was ist ein Porsche?“
- „Sind Wale Fische?“
- „Wie heißen die Früchte von einer Buche?“
- „Wie heißt die Barbie-Puppe mit den dunklen Haaren?“

Die beiden Gruppen kommen wieder zusammen. Abwechselnd stellen sie sich ihre Fragen. Für jede richtig beantwortete Frage bekommt eine Gruppe eine Murmel, eine Perle oder ein Steinchen. Welche Gruppe sammelt die meisten? Natürlich geben die Kinder sich gegenseitig auch die Auflösung zu ihren Fragen – schließlich wollen alle dazulernen!

## Hallo – wer da?

**Material:** (Spiel-)Telefon
**Alter:** ab 3 Jahren

Die Kinder versammeln sich im Sitzkreis. Die Spielleitung hält das Telefon und spricht hinein, ohne tatsächlich eine Nummer gewählt zu haben. Sie tut so, als ob sie mit einem bestimmten Partner telefonieren würde. Das kann jemand in einer besonderen Funktion sein oder eine Person, die die Kinder gut kennen, z. B.:

- „Könnte ich gleich mit Kevin vorbeikommen? Ihm ist eine schwere Dose auf den Fuß gefallen und vielleicht ist ein Zeh gebrochen.“
- „Hier ist die Einrichtung Sonnenblume in der Corneliusstraße. Bitte kommen Sie schnell, aus der Küche kommt Rauch!“
- „Ich wollte dir nur sagen, dass alle Kinder aus unserer Gruppe in diesem Jahr besonders lieb waren und dass sie alle Geschenke verdient haben. Anna wünscht sich ein Springseil und Matthäus eine …“
- „Guten Morgen, hier ist Frau Springer aus der Regenbogengruppe. Ich wollte Ihnen nur kurz erzählen, was Ihr Sohn heute schon alles gemacht hat. Er hat …“

Natürlich darf die Spielleitung den Ansprechpartner nicht mit Namen nennen! Wer errät, wer da am anderen Ende ist?

**Variante für ältere Kinder**

Wer die richtige Lösung findet, darf das nächste Telefonat führen.

# Fall Nr. 17: Teddy-napping!

**Material:** 1 Teddy (oder anderes Schmusetier, das alle Kinder kennen) mit Schleife, etwas vom „Täter“
**Alter:** ab 3 Jahren

## Vorbereitung

Dem Teddy die Schleife abnehmen. Einen „Täter“ auswählen und bitten, sich zur Verfügung zu stellen, z. B. die Köchin bzw. den Koch der Einrichtung oder eines der Kinder (➔ S. 13, „Ein Wort zum Täter“). Die Schleife an den üblichen Sitzplatz des Teddys legen und daneben etwas, das auf den Täter hinweist, z. B. eine Suppenkelle oder einen anderen Gegenstand aus der Küche oder die besonders auffällige Mütze des ausgewählten Kindes. Den Teddy im Küchenschrank oder im Jackenärmel des Kindes verstecken.

## Durchführung

Die Spielleitung geht unter einem Vorwand mit einem oder mehreren Kindern zur Stofftierecke, um den Teddy zu holen. Aber nanu? Wo ist er denn? Er würde doch nie alleine weglaufen? Ein klarer Fall: Hier wurde ein Teddy entführt!
Wenn die Kinder den an dieser Stelle fremden Gegenstand nicht von selbst bemerken, hilft die Spielleitung etwas nach: „Wer kann denn nur Teddy mitgenommen haben? Oh – was liegt denn da?“ Nun kommen die Kinder sicher auf die Idee, dass der Täter etwas am Tatort vergessen hat! Aber wem gehört der Gegenstand? Kurz nachgedacht – und schon sausen alle in die Küche oder Garderobe, um den vermissten Teddy zu suchen!

*Welcher Vogel ist am traurigsten?*

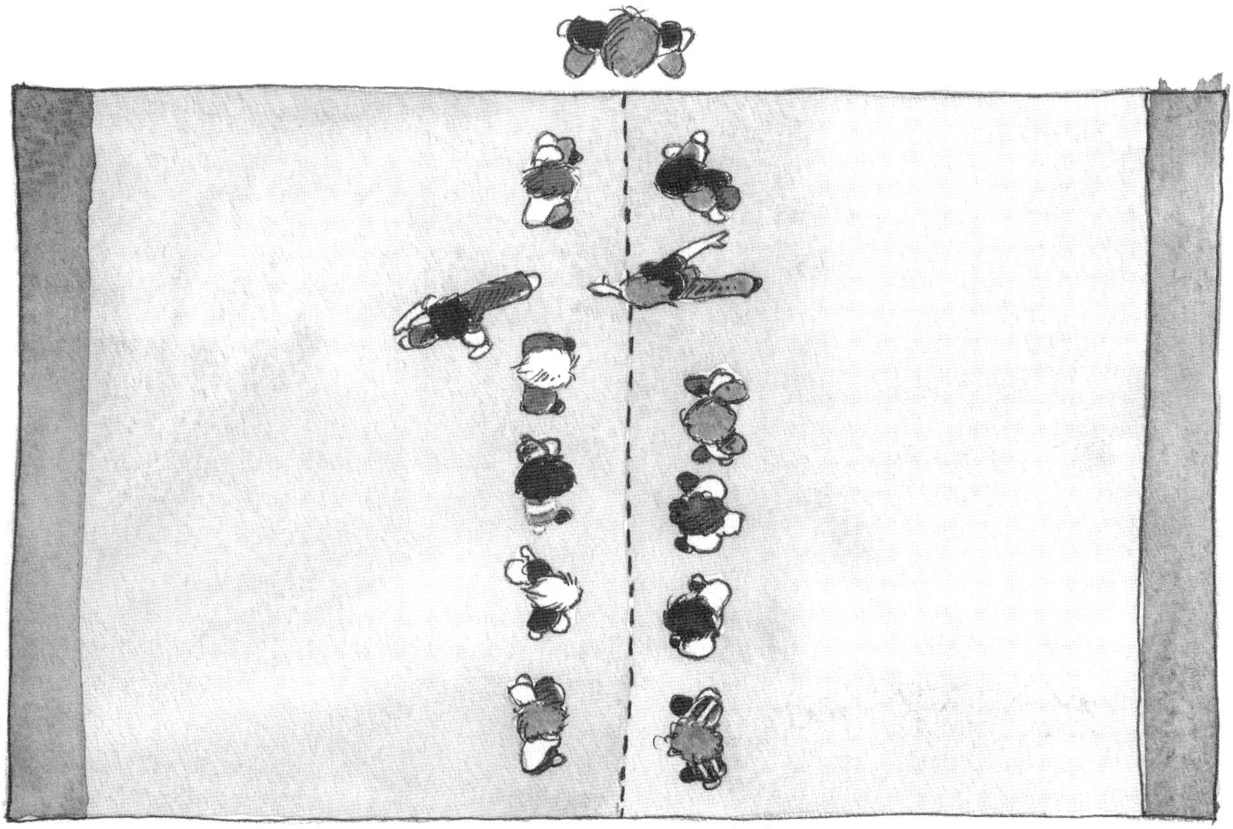

## Detektiv und Räuber

**Material:** viel Platz
**Alter:** ab 5 Jahren

Die Kinder bilden zwei Gruppen. Die Spielleitung stellt sich an den Rand einer gedachten Mittellinie, die das Spielfeld quer in zwei Hälften teilt. Die eine Gruppe Kinder, die „Detektive", stellen sich links von der Spielleitung entlang der gedachten Mittellinie auf, die andere Gruppe, die „Räuber", stehen auf der anderen Seite dieser Linie den Detektiven gegenüber. Zwischen beiden Gruppen sollten etwa 2 m Platz bleiben.

Die Spielleitung erklärt den Kindern den Spielverlauf: Detektive sind dafür bekannt, dass sie immer ehrlich sind und nie lügen. Bei den Räubern ist es gerade andersherum: Die lügen immer und sagen nie die Wahrheit. Die Spielleitung verkündet, dass sie gleich einen Satz sagen wird, der entweder stimmt oder nicht, z. B.:

- Sophie hat einen blauen Pulli an.
- Es regnet gerade.
- Gras ist lila.
- Im Sommer ist es warm.

Die Kinder überlegen blitzschnell, ob der Satz wahr oder gelogen ist.

Wenn die Spielleitung die Wahrheit gesagt hat, stürzen sich die Detektive auf die Räuber und versuchen sie zu fangen, während diese sich schnell umdrehen und zum hinteren Ende ihrer Spielfeldhälfte rennen, wo sie in Sicherheit sind. Hat die Spielleitung gelogen, versuchen die Räuber die Detektive zu fangen. Wer gefangen wird, wechselt in die andere Gruppe hinüber. Die beiden Gruppen stellen sich wieder einander gegenüber auf und die Spielleitung behauptet etwas Neues.

## Was steckt im Sack?

**Material:** Sack oder Beutel, je nach Alter der Kinder 3 oder mehrere verschiedene Gegenstände als „Diebesgut"
**Alter:** ab 3 Jahren

### Vorbereitung
Die Spielleitung sucht – von den Kindern unbeobachtet – die Gegenstände zusammen und steckt sie in den Beutel.

### Durchführung
Die Spielleitung ruft die Kinder zusammen und erklärt ihnen, dass ein Dieb durch die Einrichtung geschlichen ist und in seinen Sack das Diebesgut gesteckt hat. Der Dieb muss aber wohl von jemandem überrascht worden sein, denn bei der Flucht hat er seinen Sack liegen lassen. Was er wohl klauen wollte?
Reihum greift jedes Kind ohne zu gucken in den Beutel und ertastet stumm die Gegenstände (manchen Kindern hilft es, dabei die Augen zu schließen). Erst nachdem alle an der Reihe waren, erzählen alle Kinder, was sie in dem Sack gefühlt haben. Die Spielleitung leert den Beutel aus – hatten die Kinder Recht?

### Variante 1
Die Spielleitung sammelt im Beutel nur solche Gegenstände, von denen es in der Einrichtung sehr viele gibt: Löffel, Bausteine, Servietten, Spielfiguren, Korken o. Ä. Die Kinder bekommen den Auftrag, genau die Sachen herzuholen, die sie im Beutel ertastet haben.

### Variante 2
Im Sack befinden sich mindestens so viele verschiedene Dinge, wie Kinder mitspielen. Die Kinder bilden einen Sitzkreis; die Spielleitung geht im Kreis herum und lässt jedes Kind einen Gegenstand erfühlen, beschreiben und benennen. Aber Achtung: Die Kinder müssen im Sack einen Gegenstand finden, den vor ihnen noch keiner benannt hat.

### Variante 2 für jüngere Kinder
Jüngere Kinder ziehen das genannte Objekt aus dem Sack hervor, betrachten es und legen es dann beiseite, so dass der Sack immer leerer wird.

***Das Buchstabier-Alphabet***

*Damit es z. B. bei der Nennung von Autokennzeichen nicht zu Verwechslungen kommt, benutzen Polizisten und Detektive statt einzelner Buchstaben Wörter – meist Namen –, die mit dem jeweiligen Buchstaben anfangen. Jedes Land hat übrigens sein eigenes Buchstabier-Alphabet – und sogar die Nato hat eines!*

**A** *wie Anton*
**B** *wie Berta*
**C** *wie Cäsar*
**D** *wie Dora*
**E** *wie Emil*
**F** *wie Friedrich*
**G** *wie Gustav*
**H** *wie Heinrich*
**I** *wie Ida*
**J** *wie Julius*
**K** *wie Kaufmann*
**L** *wie Ludwig*
**M** *wie Martha*
**N** *wie Nordpol*
**O** *wie Otto*
**P** *wie Paula*
**Q** *wie Quelle*
**R** *wie Richard*
**S** *wie Samuel*
**T** *wie Theodor*
**U** *wie Ulrich*
**V** *wie Viktor*
**W** *wie Wilhelm*
**X** *wie Xanthippe*
**Y** *wie Ypsilon*
**Z** *wie Zacharias*

*Das deutsche Buchstabier-Alphabet kennt außerdem:*

**Ä** *wie Ärger*
**Ö** *wie Ökonom*
**Ü** *wie Übermut*
**Ch** *wie Charlotte*
**Sch** *wie Schule*

*Zahlen werden in einzelnen Ziffern genannt, also „3-5-1" statt „351"; folgen zwei gleiche Buchstaben hintereinander, wird „Doppel-" vor das Wort gesetzt, aus „LL" wird also „Doppel-Ludwig".*

## Buchstabieren wie die Profis!

**Material:** –
**Alter:** ab 6 Jahren

Mit den Kindern zusammen das Buchstabier-Alphabet auswendig lernen. Das ist keine ganz leichte Übung. Um das Alphabet zumindest teilweise auswendig zu beherrschen, fangen die Kinder am besten mit dem eigenen Namen an. So lernen sie schnell ein paar Buchstaben und die der Freundin oder des Freundes gleich mit.

Nun geht es nach draußen: Alle Kinder stellen sich entlang einer Startlinie auf; etwa 10 m entfernt eine Ziellinie markieren. Die Spielleitung vereinbart mit den Kindern, dass sie einen oder mehrere Wörter des Buchstaben-Alphabets laut ausruft: „Emil! Kaufmann!" – alle Kinder, die die entsprechenden Buchstaben in ihrem Vornamen führen, starten blitzschnell los und rennen zur Ziellinie. Wer als erster ins Ziel kommt, darf das oder die nächsten Wörter ausrufen!

**Variante für Geübte**
Die Spielleitung ruft z. B. „Paula fängt Theodor!" Die Kinder, deren Namen mit „T" beginnt, rennen zur anderen Seite und versuchen, sich nicht von den Kindern mit „P" fangen zu lassen.

## Wer hat's gemalt?

*Der Standort spielt oft eine sehr wichtige Rolle, wie Detektiv Schlamperl bei seinem letzten Missgeschick erfahren musste (→ S. 64). Einmal stellte sich ihm eine andere Frage: Konnte die Zeugin von ihrem Fenster aus überhaupt den Bankräuber sehen, wie sie aussagte? Parkte nicht zum Zeitpunkt des Bankraubs ein riesiger Umzugswagen vor ihrem Fenster und versperrte ihr die Sicht, wie ihr Nachbar zu Protokoll gab? Ist die Frau womöglich eine Komplizin des Räubers gewesen und hat deshalb dem Detektiv eine falsche Personenbeschreibung gegeben?*

**Material:** kleines Spielzeughaus, Papier, Stifte; evtl. Fotoapparat
**Alter:** Raten ab 4 Jahren, Malen ab 6 Jahren

Das Haus auf einen Tisch stellen. Drum herum nehmen drei Kinder auf Stühlen Platz, so dass jedes Kind das Haus aus einem anderen Blickwinkel sieht. Die Kinder bekommen Papier und Stift und zeichnen das Haus ab, so wie sie es sehen. Zwangsläufig werden alle drei Bilder unterschiedlich aussehen!
Einem anderen Kind, dem Detektiv, eines der drei fertigen Bilder vorlegen. Welches Kind hat welches Bild gemalt?

### Variante

Einige Fotos vom Raum oder dem Einrichtungsgebäude machen. Gemeinsam herausfinden, wo der Fotograf jeweils gestanden hat.

*Wenn man nicht sieht,
so sieht man sie.
Wenn man aber sieht,
so sieht man sie nicht.*

## Aus verschiedenen Blickwinkeln

**Material:** Tisch, viele große und kleine Gegenstände (z. B. Schuhkarton, Stein), evtl. Augenbinden; evtl. von allen großen und kleinen Gegenständen je 4 Stück, Spielzeugbäume, Blumentöpfe, Zweige, Erde, 2 Püppchen, kleine Wolf-, Hund- oder Monsterfigur
**Alter:** ab 3 Jahren

### Vorbereitung

Die Spielleitung bereitet unbeobachtet einen Tisch vor: In die Mitte und an die Ecken des Tisches einen oder mehrere große Gegenstände legen, darum herum andere kleinere Gegenstände. Wichtig ist, dass der Tisch von jeder Seite betrachtet anders aussieht und auch nicht alle Gegenstände zu sehen sind. Beispielsweise könnte sich in einem Schuhkarton – auf die Seite gestellt – ein Stein verbergen, der von hinten nicht zu sehen ist.

### Durchführung

Die Spielleitung wählt vier Kinder aus, die einstweilen vor die Tür gehen. Die anderen Kinder sammeln sich im Stuhlkreis um den Tisch. Die Spielleitung wählt vier weitere Kinder aus, die den Wartenden Augenbinden umlegen und sie vorsichtig in den Raum jeweils vor eine Seite des Tisches führen.
Die Kinder nehmen die Augenbinden ab und haben eine Minute Zeit, sich den Tisch und die Gegenstände darauf genau einzuprägen. Sie dürfen sich dabei nicht von der Stelle bewegen! Wenn sie sich alles gut gemerkt haben, drehen sie sich um.
Die Spielleitung räumt alle Gegenstände vom Tisch auf den Boden, so dass alles für alle gut sichtbar ist. Sie bittet eines der vier Kinder: „Leg bitte alles auf den Tisch, was eben noch darauf war."
Das Kind wird nur das auf den Tisch legen, was es von seiner Seite aus sehen konnte. Sind die anderen Kinder damit einverstanden? Gibt es einen oder mehrere Gegenstände, die alle gesehen haben? Gibt es einen Gegenstand, den nur eines der Kinder sehen konnte? Woran liegt es, dass jedes Kind etwas anderes gesehen hat?

**Tipp**

Damit kleine Schlauberger in den weiteren Runden nicht alles auf den Tisch legen, mischt die Spielleitung einige Dinge zu den Gegenständen auf dem Boden, die nicht auf dem Tisch lagen!

**Variante 1**

Tisch wie oben vorbereiten, aber von jedem Gegenstand vier Exemplare bereithalten. Die vier Kinder wählen gleichzeitig jeweils das aus, was ihrer Meinung nach auf dem Tisch gelegen hatte, so dass jedes einen anders zusammengesetzten Haufen vor sich liegen hat. Gibt es Gemeinsamkeiten? Wie kommen die Unterschiede zustande?

**Variante 2**

Wie oben, aber die Kinder auffordern, gemeinsam den ursprünglichen Tisch wieder aufzubauen. Gelingt es den Kindern zu akzeptieren, dass jeder etwas anderes gesehen hat und dass sie nur gemeinsam den ursprünglichen Zustand wiederherstellen können?

**Märchen-Variante**

Die Spielleitung dekoriert einen Tisch wie einen Märchenwald: mit kleinen Bäumen oder Blumentöpfen, Zweigen oder Erde von draußen. In die Mitte des Tisches, von allen Seite gut sichtbar, zwei Püppchen stellen, die anscheinend in eine Richtung gehen oder laufen. Hinter die Püppchen einen Wolf, Hund, Monster oder etwas anderes „Gefährliches“ stellen, vor dem die Puppen weglaufen – dies sollte aber nur von einer Seite sichtbar sein. Wie oben Kinder mit Augenbinden oder geschlossenen Augen an den Tisch führen, einen Moment schauen und sie die Situation aus ihrer Sicht schildern lassen. Das Kind, das als einziges den Wolf sehen kann, kommt natürlich als Letztes an die Reihe …

## Fall Nr. 18: Das Juwelenchaos

**Material:** etwa 30 verschiedene kleine Halbedelsteine, 2 samtene Tücher
**Alter:** ab 3 Jahren

### Vorbereitung

Ein Tuch auf einem Tisch ausbreiten. Darauf je nach Alter der Kinder fünf bis 15 Halbedelsteine legen (diese muss sich die Spielleitung selbst gut einprägen oder aufschreiben!). Alles mit dem zweiten Tuch bedecken.

### Durchführung

Die Spielleitung berichtet den Kindern, dass ein Diener einer sehr reichen und hochnäsigen Prinzessin in die Einrichtung kommen wird, um für diese einige „wertvolle Juwelen“ abzuholen. Die Prinzessin hatte klare Wünsche, welche Steine sie wollte, und wenn der Diener nicht genau diese Steine zu ihr bringt, kriegt er großen Ärger!

Die Spielleitung zeigt den Kindern die wertvollen Juwelen, aber nur für einen kurzen Augenblick – schließlich würde es der „doofen“ Prinzessin sicher nicht gefallen, wenn andere sich „ihre“ Juwelen angucken!
Einige Minuten später stößt die Spielleitung einen erschrockenen Schrei aus: Irgendwie sind die Juwelen der Prinzessin mit den übrigen Steinen durcheinandergeraten! Nun aber schnell die Kinder her: Können sie die richtigen Juwelen wieder aussortieren, so dass der arme Diener keinen Ärger bekommt?

***Das originale KIM-Spiel***
*Spiele zum Sinnestraining heißen heute im Allgemeinen KIM-Spiele. Der Name stammt aus dem Buch „Kim“ von Rudyard Kipling (der auch das „Dschungelbuch“ geschrieben hat). In dem Buch muss der Schüler eines Edelsteinhändlers täglich für kurze Zeit ein Brett mit diversen Steinen darauf ansehen und diese dann aus dem Gedächtnis mit Größe, Farbe und Wert vollständig wiedergeben können. Insofern entspricht Fall Nr. 18 dem originalen KIM-Spiel!*

## Hier wird gebürstet!

**Material:** 1 Bürste (von einem Schrubber)
**Alter:** ab 4 Jahren

Die Kinder sitzen dicht um einen Tisch herum. Der Tisch sollte so schmal sein, dass alle sich die Bürste unter der Tischplatte zureichen können.
Alle halten die Hände und Unterarme unter die Tischkante. Die Kinder erhalten die Bürste und reichen sie unter dem Tisch herum. Ein Kind hat die Hände auf der Tischplatte. Es beobachtet die anderen genau und versucht zu erraten, welches Kind die Bürste gerade hat. Sobald es glaubt, es zu wissen, nennt es den Namen des Kindes. Sofort holt das Kind, das die Bürste in diesem Moment tatsächlich in der Hand hat, die Bürste auf den Tisch, bürstet die Tischplatte und ruft: „Hier wird gebürstet!" Handelt es sich um das Kind, welches das ratende genannt hat, tauschen die beiden die Rolle. Hat sich das ratende Kind aber geirrt und woanders wurde gebürstet, ist es weiterhin an der Reihe.

## Fingerchen

**Material:** 1 Kartenspiel
**Alter:** ab 5 Jahren
**Anzahl:** bis 6 Kinder

Die Spielleitung teilt die Karten zu gleichen Teilen an die MitspielerInnen aus und erklärt die Regeln und das Ziel des Spiels, nämlich alle vier Karten der gleichen Art – also vier Buben oder vier Siebener – zu sammeln.
Es beginnt das Kind, das als erstes beim Ausgeben eine Karte mehr hat als die anderen. Dieses Kind gibt eine Karte, die es glaubt nicht brauchen zu können, aus seiner Hand an den nächsten Spieler weiter. Dieser nimmt die Karte an, wenn er sie brauchen kann, und gibt eine andere an den nächsten Spieler weiter. So geht es immer reihum. Sobald ein Spieler vier gleiche Karten auf der Hand hat, legt er eine Hand so auf den Tisch, dass nur der kleine Finger auf der Tischplatte aufliegt. Merken die anderen dies, legen auch sie das Fingerchen auf den Tisch, spielen ansonsten aber normal weiter. Wer sammelt so eifrig seine vier gleichen Karten, dass er das Fingerchen als Letzter bemerkt?

## Wer bin ich?

**Material:** Kreppklebeband, 5 Bilder oder Fotos von Figuren, die alle Kinder kennen (z. B. Tarzan, Ernie aus der Sesamstraße, Cinderella, die Erzieherin, ...)
**Alter:** ab 5 Jahren
**Anzahl:** bis 5 Kinder

Alle setzen sich um einen Tisch. Die Spielleitung klebt jedem Kind ein Bild auf die Stirn. Das Kind selbst darf nicht wissen, welche Figur es an der Stirn hat.
Ein Kind beginnt und fragt z. B. „Bin ich ein Junge?" Bekommt das Kind von den anderen ein „Ja" zur Antwort, darf es weiterfragen. Bekommt es ein „Nein", ist das nächste Kind an der Reihe. Gespielt wird, bis alle Kinder erraten haben, wen sie darstellen.

### Variante für jüngere Kinder

Bei den Bildern handelt es sich um Fotos von den Kindern aus der Gruppe.

## Was ist das?

**Material:** –
**Alter:** ab 4 Jahren

Die Kinder kommen im Sitzkreis zusammen. Ein Kind beschreibt einen beliebigen Gegenstand, z. B. sein Lieblingsspielzeug in der Einrichtung: „Es ist ein Kuscheltier. Das Fell ist ganz weich. Es ist weiß und macht mäh. ..." Die anderen Kinder raten.
Wer richtig rät, ist als nächstes an der Reihe.

### Variante

Die Spielleitung beschreibt für die Kinder einen Gegenstand (eine Banane, einen Eiszapfen, Kasperle, ...).

*Welches Wasser lässt sich in einem Sieb tragen?*

## Doppelmoppel

*Manche unserer Wörter sind doppeldeutig. Diese Wörter sollte jeder Detektiv kennen. Sonst macht er sich womöglich auf die Suche nach einem kleinen Jungen, während er doch eigentlich einen Regenschirm wiederfinden sollte!*

**Material:** –
**Alter:** ab 5 Jahren

Die Gruppe kommt im Sitzkreis zusammen. Die Spielleitung zieht sich kurz mit zwei Kindern zurück, die zusammen spielen möchten, und nennt ihnen einen „Doppelmoppel", also ein Wort mit zwei verschiedenen Bedeutungen, oder hilft ihnen, selbst eins zu finden, z. B.:

- **Boxer:** Hund – Sportler
- **Knirps:** kleiner Junge – Regenschirm
- **Hahn:** Tier – Wasserhahn
- **Bulle:** Stier – Polizist
- **Maus:** Tier – Computermaus
- **Bart:** im Gesicht – am Schlüssel
- **Schloss:** eines Königs – Vorhängeschloss
- **Kamm:** für die Haare – am Hahnenkopf

Die Kinder einigen sich, wer welchen Teil des Doppelmoppels beschreiben möchte.
Die beiden Kinder kehren zurück in den Kreis und erzählen abwechselnd etwas über ihren Doppelmoppel, z. B.: „Mein Doppelmoppel hat vier Beine." – „Mein Doppelmoppel hat zwei Beine." – „Mein Doppelmoppel kann bellen." – „Mein Doppelmoppel ist ein Sportler."
Sobald eines der anderen Kinder glaubt, den Doppelmoppel erkannt zu haben, darf es laut raten. Wenn es richtig geraten hat, darf dieses Kind mit seinem Freund oder seiner Freundin den nächsten Doppelmoppel präsentieren. Ansonsten fahren die Kinder mit ihrer Beschreibung fort.

# Von Verfolgern und Verfolgten

Ein echter Detektiv versteht sich auch aufs Beschatten. Unauffällig sollte er sich dabei verhalten und dem Beschatteten nicht zu dicht auf die Pelle rücken. Am besten hält er sich mehrere Personen hinter seinem Opfer.

Vielleicht bleibt der Verfolgte mehrmals stehen. Dann wäre es zu auffällig, wenn der Detektiv auch jedes Mal stehen bleiben würde. Stattdessen geht er zügig am Beschatteten vorbei und wartet hinter der nächsten Ecke oder auf der nächsten Parkbank. Dabei schlägt er den Mantelkragen hoch, hält sich den Hut mit der dem Verfolgten zugewandten Hand fest oder beginnt mit gesenktem Kopf in der Handtasche zu kramen, damit dieser sein Gesicht nicht sehen kann!

Sind die Detektive zu dritt, geht einer von ihnen auf der anderen Straßenseite, während die anderen beiden auf derselben Straßenseite gehen wie der Verfolgte. Wechselt der Verfolgte die Straßenseite, ist so direkt ein Detektiv hinter ihm; einer der anderen wechselt kurz darauf auch hinüber. „ABC-System“ nennen das die Profis.

Bei Verfolgungen im offenen Gelände sollte sich der Detektiv auf einer Karte orientieren können. Dazu muss er die Himmelsrichtungen bestimmen, zur Not auch ohne Kompass!

Hilfsmittel sind natürlich erlaubt! Geradezu klassisch ist die Zeitung mit den hineingeschnittenen kleinen Löchern, durch die der Detektiv den Verfolgten im Restaurant oder in der Hotellobby diskret im Auge behalten kann. Falls der Detektiv einen Spiegel zur Hand hat, kann er dem Beschatteten sogar den Rücken zuwenden, ohne ihn aus den Augen zu verlieren. Besonders geschickte Detektive halten nicht einfach den Spiegel hoch, sondern legen ihn in ein Buch oder eine Zeitung. Aber Vorsicht mit den Reflexionen!

Auch ein Taschentuch sollte der gewiefte Detektiv bei sich tragen. Falls er den Verfolgten unter irgendeinem Vorwand fortlocken muss, kann er mit Hilfe des Taschentuchs seine Stimme am Telefon verstellen.

Manche Situationen erfordern besondere Umsicht. Bei Verfolgungen während der Nacht muss der Detektiv stets auf die Straßenlaternen und seinen Schatten achten. Der Detektiv ist hinter dem Baum vielleicht nicht zu sehen, sein Schatten auf dem Bürgersteig aber schon!

Muss der Detektiv ein dunkles Zimmer betreten, so tut er das lautlos und bleibt neben der Tür erst einmal zehn Sekunden mit geschlossenen Augen stehen. So gewöhnen sich die Augen schneller an die Dunkelheit, als wenn er die Augen offen hält.

Besondere Vorsicht ist auf Holztreppen geboten – die knarren immer! Aber der Detektiv weiß sich zu helfen: Er tritt nie auf die Mitte, sondern nur auf die Ränder der Stufen – dort knarrt es meist nicht!

## Schnitzeljagd

**Material:** Straßenkreide
**Alter:** ab 5 Jahren (mit 2 Erwachsenen)

Die Kinder teilen sich in zwei Gruppen; jede Gruppe sollte mindestens einen Erwachsenen als Begleitung haben.
Die erste Gruppe nimmt die Straßenkreide und geht los. Sie wählt einen Weg und malt von Anfang an Zeichen auf den Boden, um die Verfolgergruppe zu leiten, aber auch kurzfristig in die Irre zu führen, z.B.: An einer Kreuzung malen die Kinder Pfeile in alle Richtungen auf den Boden, folgen jeder falschen Straße etwa 20 m und machen dort Pfeile in die Richtung, aus der sie kamen, um anzuzeigen, dass dieser Weg eine Sackgasse war.
Statt Pfeilen kann die Gruppe auch Bilder auf den Boden malen, die das nächste Ziel angeben, z.B. eine Eistüte für die Eisdiele um die Ecke oder das Symbol der Kindergartengruppe als Zeichen, dass es jetzt auf kürzestem Weg wieder in die Einrichtung geht.
Natürlich muss sich diese Gruppe aber sputen, um nicht von den Verfolgern auf dem Weg eingeholt zu werden!
Die Verfolger lassen der ersten Gruppe 10 bis 15 Minuten Vorsprung und folgen dann zügig. Wenn sie auf ein Kreidezeichen stoßen, beraten sie gemeinsam, was es wohl bedeuten soll. Wenn sie an eine Kreuzung mit mehreren Pfeilen kommen, können sie sich kurzfristig aufteilen, um allen Pfeilen gleichzeitig nachzugehen und so den richtigen Weg schneller zu finden.
Wenn die Verfolger die erste Gruppe einholen, bevor diese die Einrichtung oder den vorher ausgemachten Treffpunkt erreicht hat, haben die Verfolger gewonnen; wenn nicht, gewinnt die erste Gruppe. Die Verlierer räumen dafür an diesem Tag alleine den Gruppenraum auf, dürfen aber natürlich die andere Gruppe zu einer Revanche herausfordern!

## Beschatten

**Material:** Um-die-Ecke-Gucker (➔ S. 23)
**Alter:** ab 4 Jahren

Die Spielleitung ruft zwei Kinder zu sich: Eines der Kinder bekommt den Auftrag, das andere Kind irgendwann am Vormittag einmal zu beschatten und zu sehen, was es so treibt. Das andere Kind soll darauf achten, ob es seinen Beschatter dabei ertappt! Nun gehen Beschatter und Beschatteter erst einmal spielen!
Später ruft die Spielleitung den Beschatter zu sich und trägt ihm auf, jetzt zu schauen, was das andere Kind macht. Er darf sich dabei aber nicht blicken lassen! Also bekommt er den Um-die-Ecke-Gucker mit, um seinen Auftrag zu erfüllen. Gelingt es ihm, sich unbemerkt anzuschleichen und das andere Kind zu beobachten?

# Fall Nr. 19: Personenüberwachung

**Material:** evtl. falscher Bart (➜ S. 13) oder Perücke, Um-die-Ecke-Gucker (➜ S. 23)
**Alter:** ab 4 Jahren (in Begleitung 1 Erwachsenen)

## Vorbereitung

Die Spielleitung spricht mit einem Elternteil aus der Einrichtung ab, dass zwei oder drei Kinder diesen am nächsten Vormittag für eine halbe Stunde beschatten werden. Sie vereinbaren einen Treffpunkt und den weiteren Weg, z. B.: „Ich werde um 10.15 Uhr unser Haus, Mozartstr. 7, verlassen. Dann gehe ich zum Supermarkt in der Spichernstraße und zuletzt noch in die Apotheke direkt daneben. Von da aus gehe ich wieder nach Hause."

## Durchführung

Die Spielleitung wählt zwei oder drei Kinder aus (je nach Alter der Kinder). Sicher möchte das Kind der oder des Beschatteten dabei sein, um dann sagen zu können: „Ich kann zaubern! Ich weiß, was du heute gemacht hast!" Oder: „Ich bin ein echter Detektiv! Ich habe dich heute beschattet!"
Die Spielleitung bespricht mit den Kindern den Ablauf: „Wir bleiben immer zusammen, aber ihr geht vor. Wir dürfen uns auf keinen Fall blicken lassen. Deshalb versuchen wir, immer eine andere Person zwischen uns und Frau X bzw. Herrn Y zu lassen. Falls wir in einen großen Laden kommen, ducken wir uns hinter die Regale. Manche Läden sind zu klein, da würde uns Frau X bzw. Herr Y sehen. Also suchen wir uns draußen ein Versteck, vielleicht hinter einer Litfaßsäule oder einem Baum, und warten da."

## Variante

Vielleicht möchten die Kinder sich vorsichtshalber mit einem falschen Bart oder einer Perücke tarnen? Sollten sie den Um-die-Ecke-Gucker wohl mitnehmen?

*Was brennt Tag und Nacht und verbrennt doch nie?*

## Wo ist Süden?

*Der Detektiv belauscht zwei Halunken, die ein krummes Ding drehen wollen: „Wir treffen uns bei Sonnenuntergang am Südeingang des Friedhofs!" Der Detektiv macht sich pünktlich auf den Weg – aber welcher Eingang ist der südliche? Wenn er doch nur den Trick mit der Uhr kennen würde …*

**Material:** Uhr mit Zeigern (nicht mit Digitalanzeige)
**Alter:** ab 5 Jahren

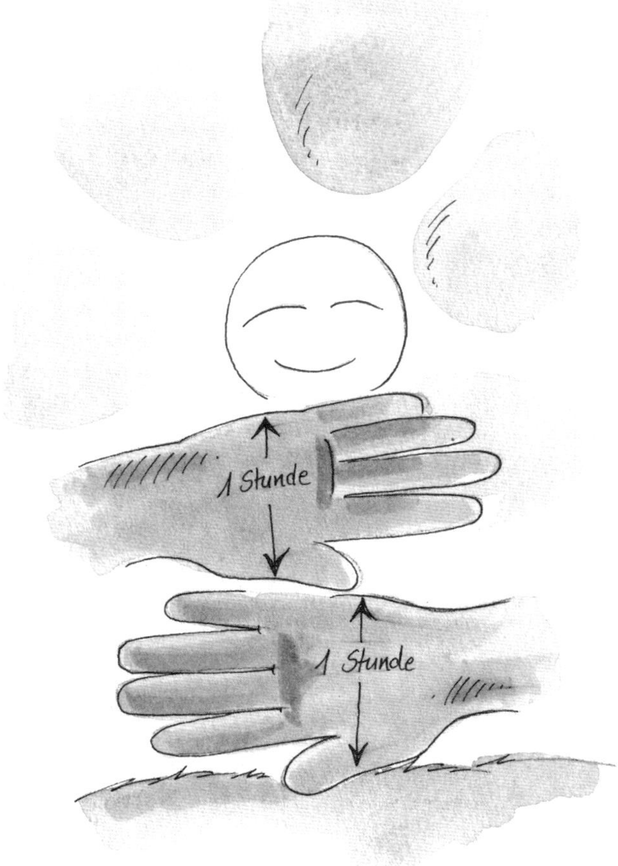


Den kleinen Stundenzeiger der Uhr auf die Sonne richten. Genau in der Mitte zwischen dem Zeiger und der „12" auf der Uhr ist Süden.

## Merkspruch für die Himmelsrichtungen

*Vor allem bei Verfolgungen in Feld und Wald sollte ein guter Detektiv die Himmelsrichtungen bestimmen können. Wenn er z. B. weiß, in welche Richtung die Verfolgten laufen, kann er auf der Landkarte nachschauen, welches Dorf das nächste sein wird, und sich Hilfe dorthin bestellen.*
*Süden kennen die Kinder ja nun schon. Wenn sie den Merkspruch auswendig lernen, können sie auch die übrigen Himmelsrichtungen bestimmen.*

**Material:** –
**Alter:** ab 5 Jahren

Wenn die Kinder sich um sich selbst in der Richtung drehen, in der auch die Uhr oder die Mühle sich drehen, folgt auf den Süden nach einer Vierteldrehung der Westen, nach einer halben Drehung der Norden und nach einer Dreivierteldrehung der Osten.
Bei dem bekannten Merkspruch „Nie ohne Seife waschen" bzw. „Nie ohne Socken wandern" stehen die Anfangsbuchstaben für die Himmelsrichtungen. (Er beginnt allerdings mit dem Norden, der ja auf Landkarten immer oben ist.) Mit den Kindern zusammen ähnliche Merksprüche erfinden wie „Silja will nie Obst" oder „Sven wohnt nahe Olaf". Schön, wenn sich die Kinder mit ihren Eigenheiten in dem Spruch wiedererkennen!

***Nützliche Hände***
*Ob ein Monat 30 oder 31 Tage hat, kann man an den Fingerknöcheln abzählen: Hände zur Faust ballen und nebeneinander vor sich halten. Links außen beginnen: Der erste Fingerknöchel steht für den Januar mit 31 Tagen. Die folgende Vertiefung steht für den Februar mit weniger als 31 Tagen. Der nächste Fingerknöchel steht wiederum für den März, der 31 Tage hat, usw.*
*Mit Hilfe der Hände lässt sich auch messen, wie viel Zeit noch bis zum Sonnenuntergang vergeht: Die Hände quer vor das Gesicht halten und zählen, wie oft sie zwischen Sonne und Horizont passen (➔ Abb.). Jede Hand zählt für eine Stunde.*

# Fall Nr. 20: Die geheimnisvolle Schatzsuche

**Material:** Papier, Stift, „Schatz“ (z. B. 1 kleine Süßigkeit, 1 Krone aus Goldfolie, 1 Kette aus schönen Perlen oder 1 Karton mit Knöpfen), Uhr mit Zeigern, Band, Kistchen, alte DM-Münzen, Schwarz-Weiß-Fotos von Menschen in altmodischer Kleidung oder etwas ähnlich „Altes“
**Alter:** ab 5 Jahren

## Vorbereitung

Die Spielleitung nimmt das Material mit nach draußen auf das Außengelände und sucht – unbeobachtet! – ein Versteck für den „Schatz“, den sie dort niederlegt. Sie stellt fest, wo welche Himmelsrichtung ist, und sucht einen Weg zurück zur Tür: Sie geht z. B. fünf (Kinder-)Schritte nach Norden zu einem Baum, drei Schritte nach Osten zur Schaukel und zehn Schritte nach Norden zum Gebäude. Auf das Papier schreibt sie dabei die Anzahl der Schritte und die jeweilige Himmelsrichtung auf, aber aufgepasst: Da die Kinder den Weg in die andere Richtung verfolgen werden, muss die Spielleitung immer die entgegengesetzte Himmelsrichtung und Reihenfolge aufschreiben (in diesem Fall also: 10 S – 3 W – 5 S)! Außerdem eine Kompassrose mit den Buchstaben *N*, *O*, *S* und *W* dazumalen.
Das Papier aufrollen und mit dem Band zusammenhalten und mit den „alten“ Gegenständen in das Kistchen legen.

## Durchführung

Die Spielleitung ruft die Kinder zusammen und zeigt ihnen das Kistchen: „Schaut mal, das habe ich eben ganz hinten im Besenschrank gefunden. Wollen wir mal schauen, was darin ist?“
Die Kinder öffnen die Kiste, betrachten die alten Sachen und wickeln das Papier aus. Was bedeuten nur die Buchstaben und Zahlen? Die Spielleitung bringt durch kleine Bemerkungen die Kinder auf die richtige Spur, z. B.:

- „Das Kistchen ist ja wie eine kleine Schatzkiste!“
- „Die Buchstaben und Zahlen haben sicher etwas zu bedeuten.“
- „Die Buchstaben sind die gleichen wie auf der Kompassrose!“

Sobald die Kinder das Rätsel der Schatzkarte entschlüsselt haben, bestimmen sie die Himmelsrichtungen im Gelände mit Hilfe der Spielleitung und laufen alle gemeinsam die Strecke ab, bis sie fündig werden!

## Tipp

Darauf achten, dass die Kinder als Gruppe zusammenbleiben und nicht einzelne Kinder schon vorzeitig den Schatz finden, indem sie kreuz und quer herumrennen und alles absuchen!

*Je mehr er davon hat,
desto weniger wiegt er.*

# Die Seite für Bösewichte

## Langfinger

**Material:** pro Kind 2 hölzerne Eisstiele (gesammelt oder aus dem Bastelbedarf), Gummibänder, Schüsselchen, viele kleine Gegenstände
**Alter:** ab 3 Jahren

Die Spielleitung hilft den Kindern, an Daumen und Zeigefinger einer Hand mit den Gummibändern jeweils einen Eisstiel zu befestigen. Die Kinder haben nun an dieser Hand zwei verlängerte Finger, wie Pinzetten.
Die Kleinteile auf einem Tisch oder auf dem Boden verstreuen. Auf ein Startsignal hin beginnen die Kinder, mit ihren langen Fingern die kleinen Gegenstände in ihre Schüsselchen zu legen – gar nicht so einfach! Wer am Ende die meisten Gegenstände aufgesammelt hat, war wohl der Geschickteste!

*Was muss man immer wieder holen, um am Leben zu bleiben?*

## Pack den Gauner!

**Material:** 1 beliebiger „wertvoller" Gegenstand
**Alter:** ab 3 Jahren

Ein Kind ist der Gauner und verlässt den Raum. Ein anderes Kind spielt den Detektiven. Alle Kinder, auch der Detektiv, reichen sich die Hände und bilden einen großen Stehkreis um den wertvollen Gegenstand herum.
Der Gauner darf das Zimmer wieder betreten. Er mustert die Gesichter der Kinder: Wer könnte wohl der Detektiv sein? Verrät sich eines der Kinder?
Der Gauner wählt zwei Kinder, die seiner Meinung nach weit weg vom Detektiven stehen, und teilt ihre Hände, so dass er den Kreis betreten kann. Er schleicht zum wertvollen Gegenstand in der Kreismitte, packt ihn plötzlich und versucht, so schnell er kann, den Kreis wieder durch die gleiche Öffnung zu verlassen. Sobald der Gauner den Gegenstand in der Hand hat, versucht aber der Detektiv, ihn blitzschnell zu fassen. Nur wenn der Gauner seinen Fluchtweg klug gewählt hat, hat er eine Chance zu entkommen!

## Ausbruch aus dem Knast!

**Material:** –
**Alter:** ab 5 Jahren
**Anzahl:** ungerade

Die Kinder teilen sich in zwei Gruppen: Die eine Hälfte nimmt im Stuhlkreis Platz – das sind die Knastbrüder –, die andere Hälfte stellt sich hinter den Stühlen als Gefängniswärter auf. Ein Stuhl bleibt dabei leer, nicht aber der Platz hinter diesem Stuhl.

Der Knastbruder auf dem Stuhl rechts von der Lücke schaut sich im Kreis um. Er sucht den Augenkontakt mit den anderen sitzenden Kindern. Nach einer Weile zwinkert er einem von ihnen zu. Dieses Kind springt blitzschnell auf und rennt hinüber zu dem freien Platz. Der Wärter, der hinter dessen ursprünglichem Sitzplatz stand, versucht das aufspringende Kind noch schnell abzuschlagen, bevor es auf den anderen Platz hinüberwechseln kann. Gelingt ihm das, darf er den Platz des Zuzwinkerers einnehmen, wenn nicht, ist das Kind rechts von der neuen Lücke mit Zwinkern an der Reihe.

***Drakonische Strafen***
*Die Grundlage für unser modernes Rechtssystem legte u. a. der Athener Drakon, der um 621 v. Chr. lebte. Drakon führte ein, dass bei der Strafbemessung zwischen vorsätzlichem Mord und Totschlag unterschieden wird. Er versuchte auch, die Blutrache abzuschaffen, indem er sie durch ein staatliches Schiedsgericht ersetzte. Das passte den herrschenden Geschlechtern nicht in den Kram. Um sie zu besänftigen, setzte Drakon extrem harte Strafen für solche Verbrechen fest. Daher stammt unsere Bezeichnung „drakonische Strafe".*

## Zum Schluss ...

*Es ist Nacht.*
*Der Detektiv erwacht.*
*Er geht zum Fenster.*
*Er sieht Gespenster!*
*Er schleicht zur Kommode*
*und holt seine Pistole.*
*Er zieht den Colt –*

Fortsetzung folgt!

# Anhang

## Literatur

### Sachbücher

Arbona, Cécile: Karte, Kompass, Sonnenstand – so findest du den Weg. Ensslin, Würzburg, 2004.

Ballinger, Erich: Das schlaue Handbuch für Minidetektive. Verlag Carl Ueberreuter, Wien, 1999.

Bertherat, Marie: Geheimbotschaften: Codes, Morsezeichen, Signale. Ensslin, Würzburg, 2004.

Blank, Hajo: Geheim. Geheimschriften, Geheimsprachen und andere geheimnisvolle Zeichen für Freizeitdetektive. Coppenrath Verlag, Münster, 1994.

Crummenerl, Rainer: Das geheime Handbuch für Superdetektive. Arena Verlag GmbH, Würzburg, 1996.

Dickert, Isabelle, und Bobzin, Eva: Von geheimen Schriften und unsichtbaren Tinten. Carlsen Verlag GmbH, Hamburg 1993.

Fichter, Ursula: Die Schnitzeljagd und andere spannende Rallyes. Coppenrath Verlag, Münster, 1999.

Flessner, Bernd: Die drei ??? Handbuch Geheimbotschaften. Franckh-Kosmos Verlags-GmbH & Co., Stuttgart, 2004.

Harder, Corinna: Handbuch für Junior-Detektive. OMNIBUS Taschenbuchverlag, München, 2001.

Harder, Corinna, und Schumacher, Jens: Streng geheim! Das große Buch der Detektive. moses. Verlag GmbH, Kempen, 2003.

Hindley, Judy, und Rumbelow, Donald: Handbuch für Detektive. Carlsen Verlag GmbH, Hamburg, 1990.

Lange, Monika, und Sohr, Daniel: Überführt! So ermitteln pfiffige Spürnasen. Kinderbuchverlag Luzern, Aarau (Schweiz), 2000.

Poole, Hazel: Spione und Detektive. Loewe, Bindlach, 2001.

Rey, Paul: Die drei ??? Detektivhandbuch. Franckh-Kosmos Verlags-GmbH & Co., Stuttgart, 2001.

Songhurst, Hazel: Das große Buch der Spione, Detektive, Piraten und Forscher. F. Schneider, München, 1994.

### Detektivromane für Kinder

Ardagh, Philip, und King, Colin: Detektiv im alten Ägypten / Reich der Azteken / in Griechenland / Rom. Sachbuch und Rätselkrimi. ars Edition, München, 2002.
*Zu jeder Kultur gibt es schön illustrierte Sachinformationen und in einem separaten Büchlein einen Rätselkrimi, an dem die Leser ihr Wissen und ihr detektivisches Gespür beweisen können.*

Bieniek, Christian: Oberschnüffler Oswald. Mehrere Bände. Ab 10 Jahren.
*Oberschnüffler Oswald ist ein Detektiv auf vier Pfoten. Seinen zweibeinigen Freunden ist er bei der Lösung des Falles weit voraus!*

Blyton, Enid: Rätsel um … Serie. Ab 8 Jahren.
*Die Kinder Stubs, Dina, Robert und Barny sowie das Äffchen Miranda und der Hund Lümmel erleben in den Ferien viele spannende Abenteuer.*

Blyton, Enid: Fünf Freunde … Serie. Ab 8 Jahren.
*Wo immer die fünf Freunde Anne, Julius, Dick, Georgina – genannt George – und ihr Hund Tim auch auftauchen, wartet bereits ein rätselhaftes Abenteuer auf sie.*

Blyton, Enid: … der Abenteuer. Serie. Ab 10 Jahren.
*Spannende Geschichten aus der ganzen Welt mit Philip, Dina, Jack, Lucy und dem Papagei Kiki.*

Brezina, Thomas: Die Knickerbocker-Bande. Serie. Ab 10 Jahren.
*Die Knickerbocker-Bande besteht aus Axel, Lilo, Poppi und Dominik. Getreu ihrem Motto: „Vier Knickerbocker lassen niemals locker!" lösen die vier Junior-Detektive ziemlich gruselige Fälle in der ganzen Welt.*

Detektiv Conan. Serie. Ab 10 Jahren.
*Ein Manga (japanischer Comic) mit sehr konstruierten Fällen und einem Kinder-Detektiv, der sich hinter einem Erwachsenen versteckt.*

Friedrich, Joachim: 4½ Freunde und … Mehrere Bände. Ab 10 Jahren.
*Der Hund Tausendschön und seine Freunde lösen außergewöhnliche Fälle.*

Hergé und Remi, Georges: Tim und Struppi. Serie. Ab 10 Jahren.
*Ein Comic-Klassiker – immer noch spannend!*

Hitchcock, Alfred und viele Ghostwriter: Die drei ???. Serie. Ab 12 Jahren.

dito: Die drei ???-Kids. Serie. Ab 8 Jahren.
*Die drei Fragezeichen sind ein Detektiv-Team aus Justus, Bob und Peter. Sie leben in Kalifornien und lösen dort die seltsamsten Fälle. Dabei steuert Justus das Hirn bei, Bob den Forschergeist und Peter das sportliche Element. Ihr Geheimquartier haben die drei auf dem Schrottplatz von Justus' Onkel.*

Kästner, Erich: Emil und die Detektive. Ab 8 Jahren.
*Die klassische Geschichte von Emil Tischbein aus dem Berlin der 1920er Jahre.*

Kingsland, Robin: Spürnase Bogey mischt sich ein. dtv junior, München, 1999. Ab 10 Jahren.
*Klassischer Bogart-Fall für Kinder.*

Lindgren, Astrid: Kalle Blomquist. Drei Bände. Ab 8 Jahren.
*Kalle Blomquist, sein Freund Anders und die Bäckerstochter Eva-Lotta sind die Weißen Rosen. Neben ihrem Kampf gegen die Roten Rosen bleibt noch Zeit für einige spannende Detektiv-Abenteuer.*

Scheffler, Ursel: Kommissar Kugelblitz. Serie. Ab 10 Jahren.
*„KK"-Krimis fordern zum Mitdenken auf. Die Leser können mitraten und ihr detektivisches Können überprüfen, indem sie mit Hilfe einer Geheimfolie die richtige Lösung entschlüsseln.*

Schmidt, Manfred: Nick Knatterton. Mehrere Bände. Ab 12 Jahren.
*Klassischer deutscher Detektiv-Comic – mehr für Ältere!*

Shipton, Paul: Die Wanze. Mehrere Bände. Ab 8 Jahren.
*Die Wanze Muldoon löst als Privatdetektiv in klassischer Manier Insekten-Krimis im Garten.*

Tatort Geschichte. Historische Ratekrimis. Serie im Loewe-Verlag. Ab 10 Jahren.
*Ratekrimis aus vielen geschichtlichen Epochen, z. B. dem alten Ägypten, Rom oder dem Mittelalter. Mit kleinen Rätseln am Ende jedes Kapitels.*

Weinman Sharmat, Marjorie: Nick Nase … Mehrere Bände. Ab 7 Jahren.
*Intelligent ausgedachte Fälle um Nick Nase, seinen Hund Schnuffel und seine Freunde.*

Winterfeld, Henry: Caius … Mehrere Bände. Ab 10 Jahren.
*Caius, der Lausbub aus dem alten Rom, und seine Freunde erleben spannende und rätselhafte Abenteuer.*

Wolf, Stefan: TKKG. Serie. Ab 8 Jahren.
*TKKG, das sind Tim, Karl, Klößchen und Gabi, und gemeinsam sind sie unschlagbar!*

*Welcher Garten wird im Sommer nicht begossen?*

# Lösungen der Rätsel

S. 4: Der Zaunkönig.
S. 5: Weil man sich dabei den Kopf zerbricht.
S. 7: Der Fingerhut.
S. 8: Die Brücke.
S. 10: Weil die Nacht dazwischen ist.
S. 11: Im Februar.
S. 13: Das Echo.
S. 15: Eines, dann bist du nicht mehr nüchtern.
S. 16: Herr oder Frau Gesucht.
S. 17: Das Ei.
S. 19: Zwei Vögel.
S. 21: Das Bett.
S. 23: Beide sind gleich schwer.
S. 25: Nirgends; man mäht nur Gras, das dann zu Heu wird.
S. 26: Der Mensch und sein Schatten.
S. 29: Alt.
S. 30: Der Wasserhahn.
S. 32: Das Handtuch.
S. 35: Die Sonnenuhr.
S. 36: Die Handschuhe.
S. 38: Das Feuer.
S. 40: Die Zwiebel.
S. 42: Der Tisch.
S. 45: Die Straße.
S. 47: Der Hahn.
S. 48: Der Spiegel.
S. 51: Das Sieb.
S. 54: Ein Reiter auf seinem Pferd.
S. 55: Nüsse.
S. 57: Das Ohr.
S. 58: Ein Loch.
S. 60: Die Kirsche.
S. 63: Die Hose.
S. 65: Die Eisblumen.
S. 67: Die Schere
S. 68: Das Feuer.
S. 70: Der Pechvogel.
S. 73: Nacht.
S. 74: Die Dunkelheit.
S. 77: Gefrorenes Wasser.
S. 79: Der Rost.
S. 81: Die Brennnessel.
S. 83: Käse mit Löchern.
S. 84: Den Atem.
S. 87: Der Kindergarten.
S. 89: Der Esel.
S. 91: Der Sonnabend.

*... und noch ein Allerletztes:*
*In der Luft, da fliegt es,*
*auf der Erde liegt es,*
*auf dem Baume sitzt es,*
*in der Hand, da schwitzt es,*
*auf dem Ofen zerläuft es,*
*im Wasser ersäuft es,*
*wer gescheit ist, begreift es.*

*Die Schneeflocke*

# Register

## Detektivspiele



*Wer kommt schon grauhaarig zur Welt?*

## Informationen für den Meisterdetektiv



*... und noch ein Allerallerletztes:*
*Ich sag dir nicht, was ich dir sage.*
*Was ich dir sage, sag ich dir*
*nur darum, dass du sagest mir,*
*was ich nicht selbst dir sage!*
*Das ist rätselhaft, nicht wahr?*

*Das Rätsel*

## Die Autorin

**Martina Kroth** ist Biologin und Museumspädagogin, Autorin und Leseratte. Mit viel Engagement leitet sie mehrere Literaturclubs für Kinder. Da geht es auch oft um Rätselhaftes und Geheimnisvolles! Selbst liebt sie ganz besonders die Geschichten um Sherlock Holmes, Hercule Poirot oder den Mönch Cadfael, der im mittelalterlichen England seine Fälle löst.

**Übrigens:** Ein guter Detektiv wäre aus ihr nie geworden. Beim „Fingerchen"-Spiel (➜ S. 77) war sie stets die Letzte!

## Die Illustratorin

Die Diplom-Designerin **Kerstin Heinlein** hat eine eigene Agentur für Design und Kommunikation. Darüber hinaus arbeitet sie als freie Mediendozentin und Illustratorin für verschiedene Institutionen, Verlage und Unternehmen. 2004 erhielt sie den „Zukunftspreis Jugendkultur" der PwC-Stiftung für ein literarisch-bildnerisches Projekt mit behinderten Kindern und Jugendlichen.

Für den Ökotopia Verlag hat sie bereits zahlreiche Bücher illustriert, z.B. „In 80 Tönen um die Welt", „Karneval der Kulturen", „Sonne, Mond und Sternenkinder", „Europa in 80 Tönen" und „Die Wikinger sind los!".

*Welcher Abend fängt schon am Morgen an?*

# Kinder spielen Geschichte

Floerke + Schön

**Markt, Musik und Mummenschanz**

Stadtleben im Mittelalter

Das Mitmach-Buch zum Tanzen, Singen, Spielen, Schmökern, Basteln & Kochen

ISBN (Buch): 3-931902-43-9
ISBN (CD): 3-931902-44-7

H.E.Höfele, S. Steffe

**Der wilde Wilde Westen**

Kinder spielen Abenteurer und Pioniere

ISBN (Buch): 3-931902-35-8
ISBN (CD): 3-931902-36-6

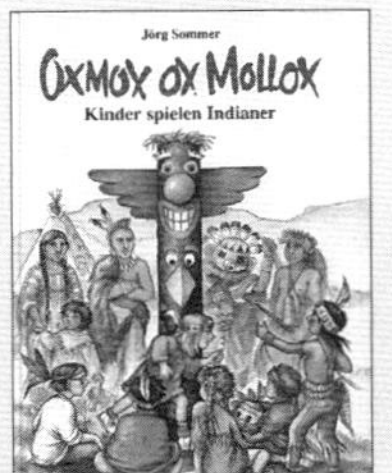


Jörg Sommer

**OXMOX OX MOLLOX**

Kinder spielen Indianer

ISBN: 3-925169-43-1

Bernhard Schön

**Wild und verwegen übers Meer**

Kinder spielen Seefahrer und Piraten

ISBN (Buch): 3-931902-05-6
ISBN (CD): 3-931902-08-0

Im KIGA, Hort, Grundschule, Orientierungsstufe, offene Kindergruppen, bei Festen und Spielnachmittagen

## Auf den Spuren fremder Kulturen

Die erfolgreiche Reihe aus dem Ökotopia Verlag

H.E. Höfele - S. Steffe

**Kindertänze aus aller Welt**

Lebendige Tänze, Kreis-, Bewegungs- und Singspiele rund um den Globus

ISBN (Buch): 3-936286-40-X
ISBN (CD): 3-936286-41-8

Monika Rosenbaum, Annette Lührmann-Sellmeyer

**Priwjet Rossija**

Spielend Russland entdecken

ISBN: 3-931902-33-1

Monika Rosenbaum

**Pickadill & Poppadom**

Kinder erleben Kultur und Sprache Großbritanniens in Spielen, Bastelaktionen, Liedern, Reimen und Geschichten

ISBN (Buch): 3-936286-11-6
ISBN (CD): 3-936286-12-4

## Kinderweltmusik im Internet

WELTMUSIK FÜR KINDER

www.weltmusik-fuer-kinder.de

Comenius Siegel 2005

H.E. Höfele, S. Steffe

**In 80 Tönen um die Welt**

Eine musikalisch-multikulturelle Erlebnisreise für Kinder mit Liedern, Tänzen, Spielen, Basteleien und Geschichten

ISBN (Buch): 3-931902-61-7
ISBN (CD): 3-931902-62-5

Pit Budde, Josephine Kronfli

**Wer sagt denn hier noch Eskimo?**

Eine Reise durch das Land der Inuit mit Spielen, Liedern, Tänzen und Geschichten

ISBN (Buch): 3-936286-73-6
ISBN (CD): 3-936286-74-4

D. Both, B. Bingel

**Was glaubst du denn?**

Eine spielerische Erlebnisreise für Kinder durch die Welt der Religionen

ISBN: 3-931902-57-9

Hartmut E. Höfele

**Europa in 80 Tönen**

Eine multikulturelle Europareise mit Liedern, Tänzen, Spiele und Bräuchen

ISBN (Buch): 3-931902-87-0
ISBN (CD): 3-931902-88-9

Pit Budde, Josephine Kronfli

**Hano Hanoqitho**

Frühling und Osterzeit hier und anderswo

Ein internationaler Ideenschatz mit Spielen, Liedern, Tänzen, Geschichten, Bastelaktionen und Rezepten

ISBN (Buch): 3-936286-56-6
ISBN (CD): 3-936286-57-4

Miriam Schultze

**Sag mir, wo der Pfeffer wächst**

Spielend fremde Völker entdecken

Eine ethnologische Erlebnisreise für Kinder

ISBN: 3-931902-15-3